능력중심사회 NCS기반의

정보능력과 수리능력

이애화

양성원

머리말

오늘날 사회를 정보화 사회라고 한다. 정보화 사회는 정보통신기술(ICT) 발전으로 지식과 정보가 사회의 핵심 요인이 되는 것을 말한다. ICT 기술변화는 인터넷, 모바일을 중심으로 활발히 진행 중이며 그 과정에서 유무선 통합, 방송과 통신의 융합, 더 나아가 사물과 사람의 연결이 가능한 지능형 ICT로 발전・변화하고 있다. 이러한 기술변화는 금융, 관광, 의료, 에너지 등 경제사회 거의 모든 분야와 ICT가 결합되어 우리의 삶에 더욱 긴밀히 영향을 미치고 있다.

정보화 사회는 직장에서의 일과 그 수행방법을 변화시키고 있다. 스마트 폰을 통해 사무실 밖에서도 업무를 할 수 있어짐에 따라 스마트기기를 활용해 근무하는 스마트 워크에 대한 관심이 그것이다. 사무실의 PC로만 일하는 시대는 지나갔으며, 노트북・스마트폰・태블릿PC도 업무가 가능하다. 이미 많은 기업들이 직원들에 게 데스크톱PC가 아니라 노트북을 지급하고 있으며, 태블릿PC로 업무PC를 대체하는 기업들도 차츰 늘어나고 있다. 이에 따라 미래 직장에서는 지식과 정보에 대해 이해하고 활용할 수 있는 인재를 요구하고 있다.

미래정보사회의 인재는 암기를 통해 성취되는 지식이 아니라 지식을 검색하고 가공하여 자신만의 새로운 지식을 창출해 전 세계에 선보이는 새로운 정보능력을 필요로 한다. 또한 정보의 효과적인 활용과 함께 해킹, 개인정보유출, 저작권침해 등 정보화의 역기능과 관련된 다양한 문제들을 적절하게 예방하고 대처할 수 있는 능력도 요구되고 있다. 그리고 타인에게 피해를 주지 않고 올바르게 정보를 이용하는 개인의 정보윤리 의식 또한 필요하다. 아울러 소셜미디어 네트워크를 통해 자신의 관심사를 알리고 공유하거나 혹은 새로운 인적 네트워크를 만들어 나가는 디지털 협력과 공유 능력도 필요로 하고 있다.

최근에는 정보화가 진행되는 전 과정에서 오랜 시간 축적된 각종 데이터를 활용・분석하는 수리능력을 요구하고 있다. 미국 마이크로소프트(MS)의 빌 게이츠 회장은 앞으로 더욱 가속화될 혁신시대에 살아남기 위해서는 수학교육을 더욱 강조하여야 한다고 주장하였다.

수리능력은 여러 자연현상이나 사회현상들을 추상화, 계량화하여 그 본질적 성질에 대해 설명하는 능력이다. 단순히 숫자를 계산하는 것만이 아니라 복잡하고 어려운 문제들을 계산하고 해결해가는 과정을 통해 논리적으로 생각하는 방법과 문제해결력을 배우는 것이다. 이러한 수리능력은 수리력, 추리력, 분석적인 사고능력, 엄격한 논리체계 및 사물을 인식하고 이해하는 방법 등과 관련된 자연과학, 공학, 인문학, 사회과학 등에 이르기까지 광범하게 응용된다.

본서는 강의실에서 또는 학생들이 자기 주도적이고 효과적으로 학습할 수 있도록 워크북 형식으로 구성하였다. 본서는 총 7장으로 구성되어 있다. 1장부터 4장은 정보능력의 이해, 정보윤리, 정보관리, 정보활용 등을 포함하는 정보능력으로, 5장부터 7장은 수리능력의 이해,

기초연산 및 통계능력, 도표분석 및 작성능력 등을 다루는 수리능력으로 구성되어 있다. 이를 구체적으로 제시하면 다음과 같다.

제1장에서는 정보능력의 이해를 다루었다. 이 장에서는 정보사회를 구성하고 있는 정보와 지식의 개념과 정보통신기술의 발달과정과 그 분야에 대해 학습한다. 또한 미래정보사회에서 개인의 성공 우위와 조직의 성과 달성을 위해 필요한 기술은 무엇이며, 이를 활용해 다양한 분야에서 경쟁력을 가질 수 있는 새로운 능력은 무엇인지 살펴본다.

제2장에서는 정보사회의 긍정적 기능과 함께 개인적·사회적으로 큰 피해를 발생시키는 여러 가지 역기능에 대해 살펴보고 이에 적절히 대응할 수 있는 방법들을 익혀 올바른 정보윤리 의식과 실천능력을 배양하도록 한다.

제3장에서는 매일 같이 쏟아지는 수많은 정보 가운데 필요한 정보를 선택하고 저장하여 이를 바탕으로 새로운 정보를 재생산해내는 방법에 대해 학습한다. 나아가 다양한 채널을 통한 정보의 생산과 이를 전달하기 위한 효과적인 방법들을 살펴본다.

제4장에서는 정보 수집, 표현, 공유의 도구 인터넷을 활용하여 빠르고 효과적인 고급 검색 팁과 소셜 미디어를 통해 정보를 전달하고 소통하기 위한 온라인명함, 홍보영상 제작 및 모바일 홈페이지 구축방법에 대해 학습한다.

제5장에서는 직업세계의 변화에 적응하고 업무수행에 있어 다양한 문제를 해결하는데 필요한 수학적 지식과 기능 습득의 중요성에 대해 알아본다. 모바일 인터넷과 클라우드 컴퓨팅, 사물인터넷 등의 기술 발전에 따라 실시간으로 쏟아지는 데이터들을 어떻게 기획하고 활용하는지에 대한 빅데이터의 분석능력에 대해 살펴본다.

제6장에서는 직장생활 뿐만 아니라 일상생활에서 필요한 기초적인 사칙연산과 계산방법을 이해하고 목적에 따라 평균, 합계, 빈도와 같은 통계기법을 활용해 자료를 정리하고 요약하는 방법에 대해 학습한다.

제7장에서는 직장생활에서 업무를 수행하는 과정에 도표로 주어진 자료를 해석하거나 업무 자료를 이용해 도표를 효과적으로 제시하는 방법에 대해 학습한다.

하지만 막상 집필을 마치고 나니 본서에서 다룰 내용 등에 대해 보다 상세하고 알찬 내용을 담지 못하였다는 아쉬움도 남는다. 이는 지속적으로 수정 보완해 나가도록 노력할 것을 필자에게 주는 메시지로 받아들인다. 또한 필자가 지속적으로 발전할 수 있도록 아낌없는 조언과 지적을 부탁드린다. 끝으로 이 책이 출판되도록 허락해 주시고 여러 지원을 아끼지 않으신 양성원 강철원 사장님께 감사드린다.

2016년 2월
저자 이애화 배상

차례

1장

정보능력의 이해

1. 정보사회의 변화
2. 정보사회의 정보와 지식
3. 미래 사회의 인재

1장 정보능력의 이해

소 개

이 장에서는 정보사회를 구성하고 있는 정보와 지식의 개념, 정보통신 기술의 발달과정과 그 분야에 대해 학습한다. 또한 미래 정보사회에서 개인의 성공 우위와 조직의 성과 달성을 위해 필요한 기술은 무엇이며, 이를 활용해 다양한 분야에서 경쟁력을 가질 수 있는 새로운 능력은 무엇인지 살펴본다.

학습목표

- 정보사회에서 학업과 직무상황에 필요한 데이터, 정보, 지식을 구분할 수 있다.
- 정보통신 기술의 발달이 우리 생활에 어떤 영향을 주었는지 설명할 수 있다.
- 미래 정보사회에서 직업적 성공과 개인적 만족을 얻기 위한 디지털 역량의 중요성을 설명할 수 있다.

학습내용

- **지식** : 데이터, 정보, 지식의 구분, 정보통신 기술 발전과정, 디지털 역량의 개념, 하이컨셉, 하이터치의 개념
- **기술** : 정보통신 기술의 발전으로 인한 우리 생활 전반의 서비스 활용, 스마트 워크 근무형태에 따른 업무지원 기술 탐색
- **상황** : 여러 상황에 따라 필요한 정보의 가치 파악, 정보통신 기술의 활용을 통한 다양한 분야에서의 융합적 사고 배양, 목적에 맞게 새로운 정보를 창조하는 능력과 공감을 이끌어내는 능력 요구

1. 정보사회의 변화

정보화 사회는 컴퓨터, 통신 분야의 기술 발전으로 다양한 정보의 생산과 전달을 중심으로 전개되는 사회이다. 또한 현대의 사회구조에 대한 표현으로 매체에 관한 기술적 영역에 국한된 것이 아니라 경제적, 사회적, 정치적, 기술적, 문화적, 교육적 속성을 포괄하고 있는 복합적 개념이다.

예를 들어 교육분야에서의 정보화 사회는 평생학습 사회로 일컬어지며 학습자가 주도적으로 배우고 언제 어디서나 학습이 가능한 배움의 장을 강조한다. 특히 정보화 사회에서는 기존의 사실적 지식과 스마트 환경에서 즉시 찾아볼 수 있는 단편적 지식보다는 정

보에 대한 올바른 비판의식과 객관적인 분석과 합리적인 평가, 그리고 창의적인 방법으로 지식을 재생산할 수 있는 능력이 더 중요해졌다.

생각하기

현대사회는 '정보혁명', '컴퓨터 혁명' 또는 '커뮤니케이션 혁명'으로부터 파급된 정보화 사회라고 부른다. 정보화 사회에 살고 있는 여러분은 일상생활에서 10년 전과 현재를 비교해보았을 때, 어떠한 점이 구체적으로 달라졌는지에 대해 자신의 경험과 생각을 아래 표의 빈칸을 채워 정리해보자.

상황	이전 모습	지금 모습	편리한 점	불편한 점	미래 모습

남녀노소 필수품이 되어버린 스마트폰!

최근 호주의 연구결과에 의하면 보행 중 스마트폰의 사용은 목과 허리디스크를 유발할 수 있다고 보고하였다. 평소 걸을 때는 몸통과 목뼈가 섬세하게 움직여 충격을 완화시켜주지만, 스마트폰을 보며 걷게 되면 몸이 뻣뻣해져 충격을 완화시키지 못하고, 다리의 충격과 흔들림이 머리까지 전해져 질병을 유발할 수 있음을 경고했다.

2013년 교통안전공단의 '스마트폰 사용과 보행 사고 상관관계 연구'에 따르면 스마트폰을 사용하며 걷는 보행자는 사고를 당할 위험이 76%나 증가하는 것으로 나타났다.

이런 가운데 보행자가 휴대전화 통화를 하느라 주의를 뺏겨 빨간신호등에 횡단보도를 건너다 교통사고를 당했다면 본인 책임이 100%라는 법원 판결이 나왔다. 서울중앙지법은 교통사고를 당한 A 씨의 요양급여를 내준 국민건강보험공단이 사고 차량 운전자 B 씨와 그 보험회사를 상대로 A 씨의 치료비를 달라며 낸 구상금 소송 항소심에서 원고 패소로 판결하였다.

스마트폰 사용은 시각·청각적 주의·인지능력을 떨어뜨려, 사고 위험에 대한 대처가 느려져 대형 사고로 이어질 수도 있다.

〈출처〉 이런 데도 스마트폰만 보시며 걸으실 건가요? (YTN 뉴스)

한편, 정보화 사회의 특징을 살펴보면 다음과 같다.

- 정보화 사회란 이 세상에서 필요로 하는 정보가 사회의 중심이 되는 사회로서 컴퓨터 기술과 정보통신 기술을 활용하여 사회 각 분야에서 필요로 하는 가치 있는 정보를 창출하고, 보다 유익하고 윤택한 생활을 영위하는 사회로 발전시켜 나가는 것을 뜻한다.
- 정보화 사회는 개인 생활을 비롯하여 정치, 경제, 문화, 교육, 스포츠 등 거의 모든 분야의 사회 생활에서 정보에 의존하는 경향이 점점 커지고 있다.
- 정보화 사회는 컴퓨터와 전자통신 기술의 결합인 정보통신 기술의 발전과 이와 관련된 다양한 소프트웨어의 개발에 의해 네트워크화가 이루어져, 전 세계를 하나의 공간으로 여기는 수평적 네트워크 커뮤니케이션이 가능한 사회로 만들어간다.
- 정보화 사회는 경제 활동의 중심이 상품의 정보나 서비스, 지식의 생산으로 옮겨지는 사회라는 특징을 나타낸다.
- 정보화 사회는 정보의 가치 생산을 중심으로 사회 전체가 움직이고 있고, 이와 관련된 산업이 부가가치를 높일 수 있는 사회로 변화되고 있다.

심화하기

"저는 아침보단 저녁에 집중이 잘 되는 편인데, 이런 이유로 출근을 늦게 한다면 다른 회사에선 미쳤다는 소릴 들을지도 모르죠(웃음). 사실 아침에 한 시간만 늦게 출근해도 삶의 질이 확 달라지거든요. 훨씬 맑은 정신으로 일할 수 있고, 10시에 출근하면 러시아워도 피할 수 있죠. 아이에게 좀 더 좋은 엄마가 될 수도 있고요. 그 한 시간이 문제였는데 회사를 옮긴 뒤 그런 고민이 없어졌어요."

위 사례는 직원들이 집에서 가까운 거점 근무지를 자유롭게 선택하거나 개인 스케줄에 따라 출퇴근 경로를 조절하는 유연근무제와 자율근무제로 스마트 워크의 한 형태라고 할 수 있다.

스마트폰을 통해 사무실 밖에서도 업무를 할 수 있게 됨에 따라 스마트기기를 활용해 근무하는 스마트 워크에 대한 관심이 늘고 있다. 사무실의 PC로만 일하는 시대는 지나갔으며, 노트북・스마트폰・태블릿PC로도 업무가 가능하다. 이미 많은 기업들이 직원들에게 데스크톱PC가 아니라 노트북을 지급하고 있으며, 태블릿PC로 업무PC를 대체하는 기업들도 차츰 늘어나고 있다.

업무는 사무실을 벗어나 집, 커피숍, 도서관, 호텔, 터미널, 공항, 버스・지하철, 다른 회사의 사무실 등에서도 가능하게 되었다. 국가・지역의 한계도 없으며, 다른 나라에 있는 지사에서도 본사 데이터센터에 접속해서 업무를 할 수 있다. 다른 국가의 기업과 협업할 때에도 이메일을 통해 주고받는 것이 아니라 가상화된 업무 공간에서 직접 업무를 진행하면서 보안과 편의성을 동시에 확보할 수 있게 되었다.

스마트 워크는 시간, 장소에 제약 없이 업무를 할 수 있는 것을 말한다. 이는 내가 있는 곳이 바로 사무실이 되어 회사로 이동 없이 즉각 업무를 처리할 수 있다는 뜻이다. 이를 통해 효율적인 업무를 할 수 있게 된다.

스마트 워크의 유형은 재택근무, 이동근무, 유연근무, 스마트워크센터 근무 등 크게 4가지로 나뉜다. 재택근무는 말 그대로 각종 IT기기를 이용해 집에서 일을 하는 것이다. 이동근무는 스마트폰이나 노트북 등을 이용해 공간적 제약 없이 업무를 보는 것이다. 유연근무는 사무실이 정해져 있지만 근로자의 생활 패턴에 맞춰 시간에 구애받지 않고 근무하는 형태이다. 스마트워크센터 근무는 주거 지역 부근에 사무실을 마련해놓고 원격

근무를 하는 방식이다.

이러한 근무형태는 출퇴근 시간 교통량을 감소시켜 환경 보호에 도움이 되며 비용 절감, 소외계층의 일자리 창출, 삶의 질을 향상할 수 있다는 점에서 주목받고 있다.

직장인들의 스마트 워크 관련 설문(취업포털 인크루트, 2015)에 따르면 사무실 밖에서 일을 하는 이유 1위는 '거래처 미팅'으로 전체의 42%를 차지했으며, '사내 · 외 행사(15%)', '장단기 출장(12%)', '재택 근무제 활용(5%)'이 차례로 순위에 올랐다. 기타 의견에는 은행업무, 우체국업무, 행정업무, 비품구매, 납품, 본사회의, 교육, 고객사 방문 등도 포함되었다.

그리고 직장인들이 사무실 내 · 외에서 일하게 되는 경우 동료와 자료를 공유하는 방법에는 먼저, 직장인들이 사무실 내 · 외부에서 동료와 자료를 공유하는 방법에 대해서는 '전화 통화나 문자'가 1위로 꼽혔으며, '모바일 메신저(26%)', '이메일(23%)', '사내 서버(10%)'의 순으로 조사되었다. 팩스는 순위권에 들지 않았다.

이어서 협업 시 불편한 점에는 '많은 커뮤니케이션 채널의 혼재'가 28%로 가장 높았으며, 이 외에도 '상이한 문서 포맷(24%)', '서로 다른 업무 시간(20%)', '상이한 애플리케이션 사용(15%)'의 다양한 의견이 있었다.

그렇다면 자료의 공유와 동료 직원들과의 협업업무 지원에 유용한 스마트 디바이스에는 어떤 것들이 있을까? 예를 들면, 카카오톡과 라인 등과 같은 모바일 메신저가 있을 것이다. 그밖에도 구글 드라이브, 네이버 클라우드, 드롭박스와 같은 웹 클라우드도 있다. 업무 생산성의 향상을 돕는 웹 또는 앱(애플리케이션)에는 어떤 것들이 있는지 탐색해 보자.

비캔버스는 웹 기반의 화이트보드 협업 도구로 문서, 사진, 영상 등 다양한 정보를 포맷에 구애받지 않고 자유롭게 넣고 배치할 수 있는 툴이다. 각각의 흩어진 정보들을 손쉽게 한 곳으로 모을 수 있으며, 유튜브 등 멀티미디어 콘텐츠는 캔버스 안에서 바로 재생이 가능해 편리하다. 특히, 강력한 공유 기능을 갖춰 회원이 아닌 동료와도 자신이 만든 캔버스를 자유롭게 공유할 수 있는 것이 강점이다.

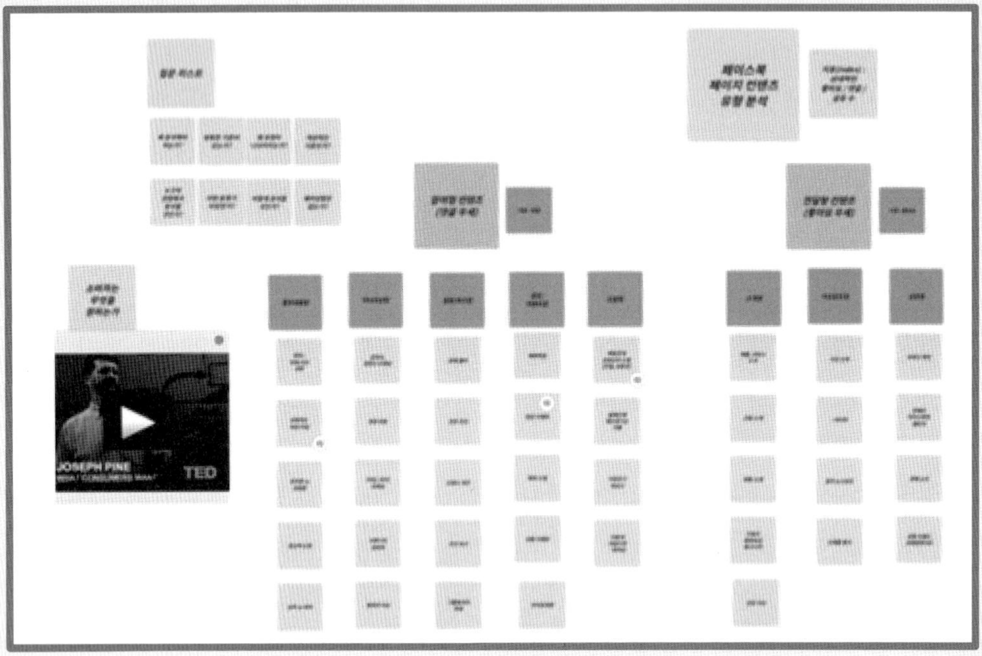

〈출처〉 온라인 협업도구 '비캔버스'(https : //beecanvas.com)

2. 정보사회의 정보와 지식

생각하기

아래 사진은 데스크톱PC를 이용하는 사람이라면 누구나 한 번쯤 본 사진일 것이다. 이 사진 한 장의 정보가치는 얼마나 될까?

윈도우XP 바탕화면에 보이는 파란 언덕 실체가 그것이다. 2011년 영국 한 매체에 따르면 윈도우XP 바탕화면의 정확한 가치에 대해 구체적으로 밝혀지지 않았지만 세계에서 두 번째로 높은 저작권료를 받고 있다고 밝혔다. 윈도우XP 파란 언덕 사진은 미국의 찰스 오리어(69) 작가가 1993년 촬영한 사진으로 미국 캘리포니아주 나파벨리 옆 도로를 따라 달리던 중 찍은 사진이다. 오리어 작가는 "사진을 찍을 당시 1월이었지만 빛나는 푸른 들판과 파란 하늘이 완벽한 조화를 이루는 포도 농장 언덕을 보고 차에서 내려 사진을 찍었다"며 "이 사진이 이렇게까지 유명해질 줄 몰랐다"고 말했다. 이후 이 사진은 마이크로소프트(MS)사가 윈도우XP의 배경화면으로 채택하면서 세계에서 가장 유명한 사진이 되었다.

▲ 윈도우XP 배경화면

2.1 정보의 가치와 특성

우리가 필요로 하는 정보의 가치는 여러 가지 상황에 따라서 아주 달라질 수 있다. 또한 정보의 가치는 우리의 요구, 사용 목적, 그것이 활용되는 시기와 장소에 따라서 다르게 평가되며, 적시성과 독점성은 정보의 핵심적인 특성이다.

① **적시성** : 정보는 우리가 원하는 시간에 제공되어야 하며, 원하는 시간에 제공되지 못하는 정보는 정보로서의 가치가 없어지게 될 것이다.

② **독점성** : 정보는 아무리 중요한 내용이라도 공개가 되고 나면 그 가치가 급격하게 떨어지는 것이 보통이다. 따라서 정보는 공개 정보보다는 반공개 정보가, 반공개 정보보다는 비공개 정보가 더 큰 가치를 가질 수 있다.

한편 비공개 정보는 정보의 활용이라는 면에서 경제성이 떨어지고, 공개 정보는 경쟁성이 떨어지게 된다. 정보는 공개 정보와 비공개 정보를 적절히 구성함으로써 경제성과 경쟁성을 동시에 추구해야 한다.

2.2 정보와 지식의 개념

정보란 사전적 의미로 관찰이나 측정을 통하여 수집한 자료를 실제 문제에 도움이 될 수 있도록 정리한 지식 또는 자료로 현재와 미래의 행위나 어떤 의사결정에 실제적으로 적용할 수 있는 것을 말한다.

정보와 지식, 데이터의 구분은 맥도너(1963)가 정보경제학 저서를 통해 데이터는 '가치가 평가되지 않은 메시지', 정보는 '특정상황에서 평가된 자료', 지식은 '정보가 더 넓은 시간, 내용의 관계를 나타내는 것'이라고 정의하였다. 그는 데이터와 정보, 지식과의 관계를 '데이터⊇정보⊇지식'와 같은 포함 관계로 나타낼 수 있다고 보았다. 이러한 포함 관계를 엘렌 켄트로는 지식삼각형을 통하여 데이터, 정보, 지식, 지혜의 위계로 제시하였다. 정보를 상황설명을 위한 데이터로, 지식은 의미 있는 정보로 구분하기도 하였다. 자료, 정보, 지식, 지혜의 의미와 그 예를 살펴보면 다음과 같다.

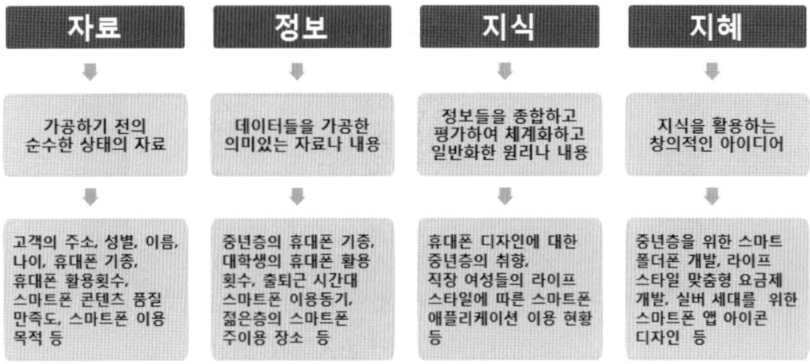

▲ 자료, 정보, 지식, 지혜의 구분

① **자료**(Data) : '자료'란 정보 작성을 위하여 필요한 자료를 말하는 것으로, 이는 '아직 특정의 목적에 대하여 평가되지 않은 상태의 숫자나 문자들의 단순한 나열', '가공하기 전 순수한 상태의 수치'를 뜻한다.

② **정보**(Information) : '정보'란 데이터를 일정한 프로그램에 따라 컴퓨터가 처리·가공함으로써 '특정한 목적을 달성하는데 필요하거나 특정한 의미를 가진 것으로 다시 생산된 것', '유의미하게 가공된 2차 데이터'를 뜻한다.

③ **지식**(Knowledge) : '지식'이란 '어떤 특정의 목적을 달성하기 위해 과학적 또는 이론적으로 추상화되거나 정립되어 있는 일반화된 정보', '이용할 수 있는 가치있는 정보'를 뜻하며, 어떤 대상에 대하여 원리적・통일적으로 조직되어 객관적 타당성을 요구할 수 있는 판단의 체계를 제시한다.

④ **지혜**(Wisdom) : '지혜'란 인간의 삶과 밀접하게 연관된 지식으로 함축되어 진리의 경험을 선행하게 되는 매개의 최상위 단위로 '지식을 활용하는 창의적인 아이디어', '해결 방안을 제시할 수 있는 패턴화된 지식'을 의미한다.

이를 종합하면 지식은 인간의 행위를 포함한 조금 더 체계화된 의미 있는 정보로서 창출된다고 할 수 있다. 결과적으로 정보는 삶을 영위하는데 필요한 지식과 지혜를 형성하는 토대라고 할 수 있으며 지식은 정보 중에서 사용자의 목적에 맞을 뿐 아니라 유용하고 부가가치를 창출할 수 있는 것이라 할 수 있다.

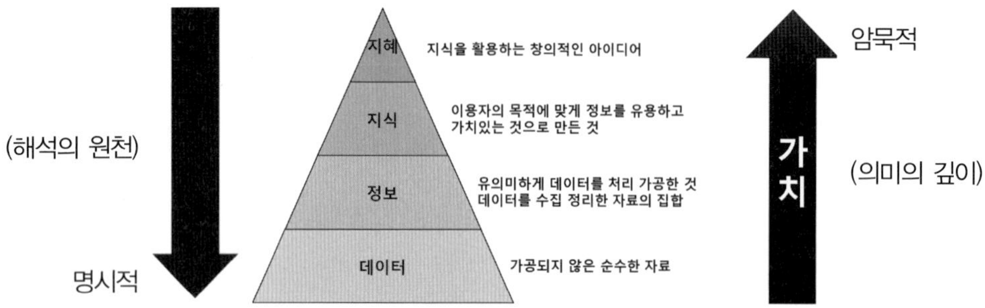

▲ 데이터, 정보, 지식, 지혜의 개념

적용하기

다음의 사례에서 데이터, 정보, 지식을 구분하고 그것을 바탕으로 지혜를 만들어보자.

계절별 좋은 차 – 감기 예방에 좋은 차 5가지

① 계절별 좋은 차가 화제인 가운데, 기온이 떨어지면서 감기에 자주 걸리는 분들을 위한 차 추천도 덩달아 인기를 끌고 있다.

② 감기 예방에 효과적인 차는 먼저 감잎차다. 감잎에는 다량의 비타민C가 사과의 30배 함유되어 있다. 또한 매실차와 유자차는 향도 좋고 피로 회복에 탁월하다.

③ 파뿌리 역시 차로 만들 수 있다. 칼슘과 칼륨, 비타민A와 비타민C가 많아 물에 끓여 마시면 감기예방과 회복에 좋다. 오미자차는 기침과 천식, 기관지염, 목감기 등에 좋은 차로 알려져 있다.

④ 특히 10월에는 제철 과일 모과가 아주 탁월하다. 모과에는 사포닌, 사과산, 구연산, 비타민C 등 잘 알려진 항산화 성분들이 들어있어 감기 예방 및 치료에 도움이 되는 감기에 좋은 음식이다.

⑤ 계절별 좋은 차 소식을 접한 네티즌들은 “계절별 좋은 차, 다양하게 있었구나”, “계절별 좋은 차, 오늘 유자차 해 먹어야지”, “계절별 좋은 차, 파뿌리 활용도 높네” 등의 반응을 보이고 있다.

지혜 : 음식추천 어플이나 로봇을 이용하여 음식(재료)을 사진으로 찍으면 그 음식(재료)의 영양성분과 소비자의 체질에 맞춤형으로 추천해줄 수 있다.

심화하기

영국의 철학자이자 물리화학자인 마이클 폴라니(Michael Polanyi)는 지식을 암묵지와 형식지로 구분하였다. 암묵지는 학습과 경험을 통하여 습득함으로써 개인에게 체화되어 있지만 언어나 문자로 표현하기 어려운, 겉으로 드러나지 않는 지식을 말하며, 암묵지는 경험을 통해 얻기 때문에 경험지라고도 한다. 형식지/명시지는 암묵지와 상대되는 개념으로서 언어나 문자를 통하여 겉으로 표현된 지식으로서 문서화 또는 데이터화된 지식이라고 할 수 있다.

두 가지 형태의 지식을 균형감 있게 축적시켜 나가는 것이 매우 중요한데, 형식지는 본인의 직접적인 경험을 통해 유도해낼 수도 있고, 기존에 형식지화되어 있는 책과 같은 자료들을 통해 간접적으로 배울 수도 있지만, 암묵지는 오로지 직접적인 경험을 통해서만 얻을 수 있기 때문에, 세상에 나가 직접적으로 부딪혀 가며 체험을 통해 얻은 암묵지식이 없다면, 아무리 많은 형식지가 있다한들 공허한 지식이 될 수 밖에 없다.

암묵지	개인, 집단, 조직의 경험, 이미지, 숙련된 기술, 조직 문화, 풍토 등에 존재하는 주관적이고 형태화하기 어려운 지식
형식지	문서, 데이터베이스, 매뉴얼, 공식, 컴퓨터 프로그램 등 언어나 구조를 가진 형태로 존재하는 객관적 지식

▲ 암묵지와 형식지의 개념

다음은 암묵지를 형식지로 바꾼 아이디어 발상의 실제 사례이다.

이전에 어떤 전기제품 회사에서 남성사원이 세탁기를 디자인하면서 상부를 곡선으로 둥글린 형태를 제안한 적이 있다. 확실히 신선하고 보기에 좋을 것 같았다. 꽤 독특한 아이디어처럼 느껴졌다.
그런데 그 디자인은 한 여성직원 때문에 바로 그 자리에서 취소되고 말았다. 위쪽에 물건을 놓을 수 없다는 게 이유였다. 일본에서는 세탁기를 주로 욕실에 놓고 사용한다. 그렇기 때문에 가령 세수를 할 때 습관적으로 간단한 세면용품이나 치약, 반지 등을 세탁기 위에 놓게 된다. 생활 속에서 물건을 올려놓는 '선반'의 기능을 갖게 된 것이다. 그런데 상부를 유선형으로 둥글리면 물건을 놓을 수 없다. 물론 상품개발 단계에서 물건을 놓기 위한 선반으로 세탁기를 기획한 것은 아니다. 그러나 일본사람의 생활습관 때문에 실질적으로 그런 기능도 갖게 되었다. 일본의 가정 사정을 잘 알고, 욕실과 세탁기에 대한 몸에 밴 감각을 지닌 여성사원이기 때문에 이 점을 쉽게 깨달은 것이다.

히토쓰바시 대학 대학원의 노나카 이쿠지로 교수는 이처럼 자신이 의식하지 못하는 습관을 '암묵지'라고 표현한다. 이는 '신체지'로 바꿔 말할 수도 있다. 그리고 이를 다시 의식화한 것, 다시 말해 언어화한 것을 '형식지'라고 한다. 히트상품을 만들어내는 데는 암묵지를 형식지화하고, 이를 다시 암묵지로 돌려서 개발에 반영하는 순환이 필요하다. 가령 노나카 교수는 다케우치 히로타카와 공동 집필한 [지식창조기업]에서 다음과 같은 이야기를 소개한다.

마쓰시타전기가 홈베이커리 자동제빵기를 개발할 때다. 기계로 빵을 굽는 데까지는 성공했지만 숙련된 제빵사가 구운 것 같은 빵 맛은 도저히 나질 않았다. 결국 개발은 난관에 부딪치고 말았다. 그때 생각해낸 것이 사내의 여성사원을 오사카에서 가장 맛있게 빵을 굽는다고 소문난 가게에 파견하는 것이었다. 그 가게에서 훈련을 받으면서 사람과 기계의 차이점을 가려내고자 한 것이다.
그 여성사원은 밀가루 반죽 과정에서 전문가가 손을 특이하게 놀리는 것을 주의 깊게 지켜보았다. 그리고 이것을 '꽈 늘이기'라고 표현하고 회사의 기술진에게 보고했다. 기술자는 이 움직임을 기계로 실현하기 위해 용기 안쪽에 물결처럼 높낮이가 다른 특수장치를 부착하는 아이디어를 생각해냈다.
이것으로 내부 주걱이 회전할 때 반죽이 걸려 늘어지게 한 것이다. 여성사원은 기술자에게 '더 세게 회전'시키라거나 '좀더 빨리'하라는 식으로 지시를 내렸다. 기술자는 이를 통해 반복 조정했고, 최종적으로 제빵사를 직접 찾아가 기술을 확인했다. 이런 수개월의 시행착오 끝에 고성능 홈베이커리가 탄생하게 되었다. 감각과 기술을 바탕으로 형태와 기능을 만들어낸 것이다.

이는 암묵지를 형식지화한 전형적인 예다.
제빵사는 고도의 기술을 갖고 있지만 그것을 언어화하는 데는 서툴다. 이것이 바로 암묵지이다. 여성사원은 그것을 '꽈 늘리기'라는 표현으로 개념화해서 기술자에게 전달했다. 이렇게 하여 암묵지는 형식지화된 것이다.
아이디어의 발상은 우리의 의식 속에만 있는 것을 끄집어내어 형태를 갖도록 만드는 것이다.

〈출처〉 사이토 다카시(2008), "비즈니스 아이디어가 말을 걸어온다"

3. 미래 사회의 인재

3.1 미래 정보사회의 변화

생각하기

정보통신 기술의 발달로 사람의 기억을 삭제하거나, 또는 조작하는 게 가능할까? 최근 미국 방위고등연구원계획국은 뇌에 메모리칩을 이식하는 '메모리 임플란트 기술'을 개발 중이다. 이를 통해 인간의 잃어버린 기억을 복원시킬 수 있을지 세계가 주목하고 있다.

〈출처〉 뇌 임플란트(장영실 쇼)

정보통신 기술(ICT)은 사회 패러다임 변화와 함께 지속적으로 발전·변화해왔다. 최근 ICT 기술변화는 인터넷, 모바일을 중심으로 활발히 진행 중이며 그 과정에서 유무선 통합, 방송과 통신의 융합, 더 나아가 사물과 사람의 연결이 가능한 지능형 ICT로 발전·변화하고 있다. 또한 ICT 활용 플랫폼도 PC 중심에서 모바일, 더 나아가 TV, 냉장고, 자동차와 같은 일상생활과 밀접하게 관련이 있는 기기로까지 확산되고 있다.

최근에는 정보화가 진행되는 전 과정에서 오랜 시간 축적된 각종 데이터를 활용·분석하는 빅데이터 관련 기술, 사람과 사물, 사물과 사물까지 연결하는 IoT 기술, 시공간의 제약을 극복하고 효율적인 방법으로 원하는 서비스를 제공하는 클라우드 기술, 산업화에 혁명을 가져올 수 있는 3D 프린팅 기술 등이 폭넓게 활용 및 확산되고 있다.

또한, 금융, 관광, 의료, 에너지 등 경제·사회 거의 모든 분야와 ICT가 결합되어 우리의 삶에 더욱 긴밀히 영향을 미치고 있다. 앞으로도 더욱 지능화된 ICT 기술 및 서비스가 지속적으로 개발되면서 ICT의 창의적 활용을 통한 새로운 경제·사회적 가치창출이 활발해질 것으로 보인다.

유엔미래보고서(2040)에 따르면 2015년 이후를 후기 정보화 시대라고 부르고 개인화, 즉 똑똑한 개인이 권력을 잡는 시대라고 말한다. 정부의 힘이 미약해지면서 똑똑한 개인들이 SNS를 사용해 불만을 표현하고 사회를 바꾸는 시대가 온다. 이런 개인들이 모인 비정부기구, 조합 등이 지구촌 네트워크를 형성해 정부나 국제기구보다 더 큰 권력을 갖게 된다고 한다. 그리고 미래 사회는 첨단기술의 발전, 세계화·글로벌화, 산업·기술 융합, 일과 삶의 균형, 삶의 질 향상, 고령화·다문화 등으로 사회구조가 바뀌고 있다. 미래의 교육 또한 정보통신 기술의 발달로 필요한 지식을 필요할 때 학습하는 적시학습, 개인별 맞춤형 교육, 가상현실과 게임을 통한 시뮬레이션 학습 등이 가능해졌다.

〈표 1〉 미래 사회의 메가트렌드

박영숙 외(2007)	교육개발원(2010)	교육과정평가원(2012)
인구구성 변화(저출산, 고령화) 글로벌화 첨단기술의 발달 노동시장의 변환 라이프 스타일의 변화	인구구조 변화(저출산, 고령화) 세계화 과학·정보 통신기술 발전 사회경제적 양극화 통일 추세	인구구조 변화(저출산, 고령화) 지구촌 다원화사회 과학·정보 통신기술 발전 경제 환경 변화 환경·자원문제

〈표 2〉 미래 교육의 방향 예측

박영숙 외(2007)	교육개발원(2010)	교육과정평가원(2012)
학습공간의 다원화 지식, 정보기기 활용의 다양화 선발평가 다양화 맞춤형 개별교육 e-teacher, 사이버 학습 보이지 않는 대학 open source 교육 게임으로 하는 학습	교육프로그램의 질적 향상 중·고령 학습자 교육수요 증가 교육양극화 개선 요구와 개별화 교육 교육프로그램의 국제적 호환성 제고 교육체제의 유연성과 다양성 직업적 전문성 확립 개별적 역량과 지식 개발 교수·학습방법과 학습공간의 변화	인성교육 평생교육 개별화교육 정보윤리교육 직업역량교육 세계시민교육 경험중심교육 다문화교육 친환경교육

미래 유망산업으로 주목받고 있는 6개의 신기술을 흔히 '6T'(6가지 신기술)라고 하는데 이를 잘 발전시키는 것이 곧 국가 경쟁력을 높이는 핵심이라고 한다. 6T를 살펴보면 다음과 같다.

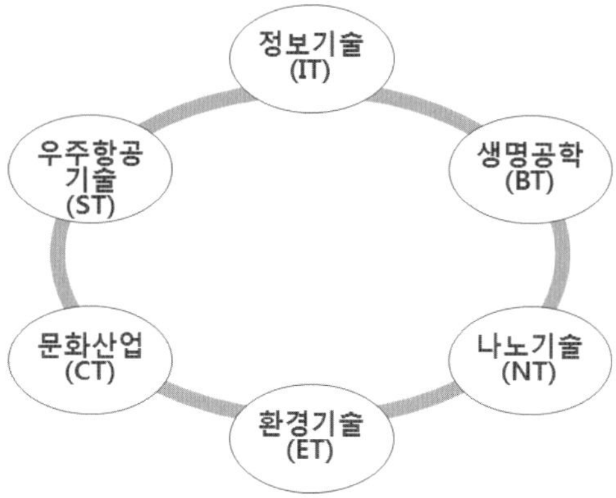

▲ 미래 사회의 6T

① IT(Information Technology : 정보통신 관련 기술)

정보를 생성 · 도출 · 가공 · 전송 · 저장하는 모든 유통 과정에서 필요한 기술을 말한다. IT는 21세기 정보화 사회에 필수적인 기술일 뿐 아니라 기술의 부가가치 및 사회 · 경제적 효과도 매우 커 산업적으로 중요한 분야다. 향후 10년간 세계 시장을 주도할 신기술로 평가받고 있다.

② BT(Biology Technology : 생명공학 관련 기술)

BT는 생명현상을 일으키는 생체나 생체 유래물질 또는 생물학적 시스템을 이용해 산업적으로 유용한 제품을 제조하거나 공정을 개선하기 위한 기술이다. 현대사회가 급속도로 발전하고 있는 만큼 BT는 무병장수와 식량 문제 해결 등 삶의 질 향상에 필수적인 기술로 21세기에 부가가치가 높은 신산업을 창출할 가능성이 크다. 현재보다는 미래에 더욱 각광받을 것으로 기대되는 BT는 2010년쯤부터 IT에 이어 차세대 신산업 창출의 원동력이 될 것으로 예측된다. 이에 따라 플랫폼(platform)기술에 중점을 두고 벤처기업의 역량 강화를 통한 기술 개발의 필요성이 제기되고 있다.

③ NT(Nano Technology : 나노 또는 초정밀 원자 관련 기술)

NT는 물질을 나노미터(10억분의 1미터) 수준의 크기, 즉 원자 이하의 크기에서 조작・분석하고 이를 제어할 수 있는 과학 기술을 총칭하는 말이다. NT는 과학기술의 새로운 영역을 창출하거나 기존 제품의 고성능화에 필요한 기술로 IT, BT와 함께 21세기의 신산업혁명을 주도할 핵심기술로 인정받고 있다.

④ CT(Culture Technology : 문화콘텐츠 관련 기술)

CT는 디지털 미디어에 기반한 첨단문화예술산업을 발전시키기 위한 기술을 총칭하는 말이다. CT는 향후 고부가가치 산업으로 성장할 가능성이 큰 디지털 미디어에 기반한 첨단문화예술산업을 발전시키는 데 필수적인 기술이다.

⑤ ET(Environment Technology : 환경공학 관련 기술)

ET는 환경오염을 저감・예방・복원하는 기술로 환경기술・청정기술・에너지기술 및 해양환경기술을 포함한다. 인류의 쾌적한 삶에 대한 욕구의 증대와 더불어 환경 문제는 인접 국가에 미치는 영향이 크기 때문에 환경기준의 설정을 통한 무역규제의 등장 등 환경 관련 수요가 증대하고 있다.

⑥ ST(Space Technology : 우주항공 관련 기술)

ST는 위성체・발사체・항공기 등의 개발과 관련된 복합기술이다. 전자・반도체・컴퓨터・소재 등 관련 첨단기술을 요소로 하는 시스템 기술로 기술개발 결과가 타 분야에 미치는 파급효과가 매우 큰 종합기술로 인정받고 있다.

미래 사회에는 ICT 신기술의 발달로 사람 중심의 초연결・지능형 사회로 진화하면서 新시장 수요 발굴 등 새로운 가치 창출 기회가 도래할 것으로 전망된다. 폴 제이콥스(퀄컴 회장)는 스마트 기기들이 육감을 가지고 사용자들이 원하는 것을 스스로 전달하는 '디지털 육감시대'가 도래할 것이라 하였는데, 그것은 상황인식, 센서, 인공지능 등 기술발달로 ICT가 지능화되면서 스스로 인간의 감정과 상황에 따른 맞춤형 서비스를 제공할 수 있다. 조디폴리지 교수(카네기 멜론대)는 미래에는 방대한 정보들을 활용해 인간에게 더 잘 반응하고, 또 더 잘 적응하는 제품과 서비스를 디자인해낼 것으로 전망하였다. 그것은 라이프 케어 로봇, 스마트 홈 및 시티, 최첨단 생활 인프라 등의 지능형 사회환경을 통한 인간 친화적인 'ICT 월드' 구현을 의미하는 것이다. 다음은 미래 ICT 환경변화의 요약표로 ICT의 잠재력이 사회적 현실로 연결될 수 있음을 보여주는 예이다.

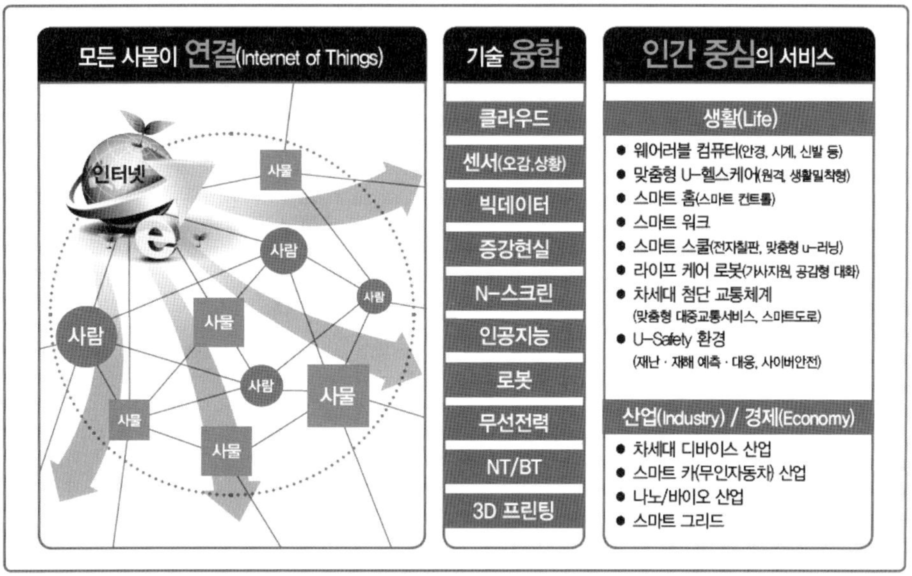

▲ 미래 ICT 환경변화

〈출처〉 미래창조과학부, 제5차 국가정보화 기본계획(2013~2017), 2013. 12.

적용하기

미래 정보사회는 정보통신 기술(ICT)의 발전으로 산업현장뿐 아니라 우리 생활 전반에 걸쳐 다양하게 활용되고 있다. 예를 들면, 버스정류장에 부착되어 있는 QR코드를 이용하면 그 정거장에 도착예정인 버스정보를 받아볼 수 있고, 영화표 · 기차 · 고속버스 예매는 스마트폰으로 손쉽게 할 수 있다. 여러분들이 직접 경험했거나 알고 있는 정보기술(IT)관련 사례와 핵심기술에 대해 설명하시오.

톨게이트에서의 교통체증을 해결하기 위해 개발된 '하이패스'를 예로 들 수 있다.

하이패스는 톨게이트를 지날 때 기다렸다가 직접 돈을 지불하는 방식이 아닌, 통행료가 무선통신망을 통해 자동으로 결제되는 기기로 시간을 단축시키고 일상생활에 많은 편리함을 주고 있다. 교통의 원활한 흐름, 고속도로 입·출구에서 도로 이용료 자동 계산 및 차량의 서행으로 인한 매연량 증가 등의 문제도 해결할 수 있다.

핵심 기술은 달리는 차안에 장착된 하이패스 단말기와 고속도로 출구에 설치된 수신기 간에 **단거리 무선 통신(DSRC : Dedicated Short Range Communication)**을 이용하여 통행료를 지불하는 방식으로 자동으로 고속도로 이용료를 계산하는 것이다.

DSRC(Dedicated Short Range Communication)는 근거리 전용 통신으로 5GHz의 주파수 대역으로 수백 Kbps의 속도로 양방향 통신하는 기술 방식을 말한다. 도로변에 설치된 소형 기지국(노변 기지국, RSE, Road Side Equipment)과 차량에 탑재된 단말기(OBU, On Board Unit)와 통신에 주로 이용된다. 최근 출시되는 하이패스 단말기 중에는 양방향 통신이 가능한 제품들이 많이 있는데 DSRC를 이용하여 실시간으로 교통정보도 제공받을 수 있다.

3.2 미래 정보사회의 디지털 역량

정보통신 기술의 발달로 점점 부유해지고, 세계 각국이 밀접하게 연결되면서 우리 사회는 빠른 속도의 변화의 부침을 겪고 있다. 이러한 변화의 가장 최근 과정은 풍요(서구사회의 주요 특징인 물질의 풍요), 기술발전(다양한 화이트컬러 업무의 자동화), 세계화(특정 형태의 지식노동이 아시아로 이전)에 기인한 하이컨셉·하이터치 시대로의 진입이다.[1] 요약하자면 우리는 농부의 사회에서 공장근로자의 사회로, 또 지식근로자의 사회로 발전해 왔다. 그리고 이제 창작자와 타인에게서 감정적 공감대를 이끌어낼 수 있는 사람들의 사회로 발전하고 있다.

1) 〈출처〉 새로운 미래가 온다(미래 인재의 6가지 조건), 다니엘 핑크, 김명철 역, 2012.

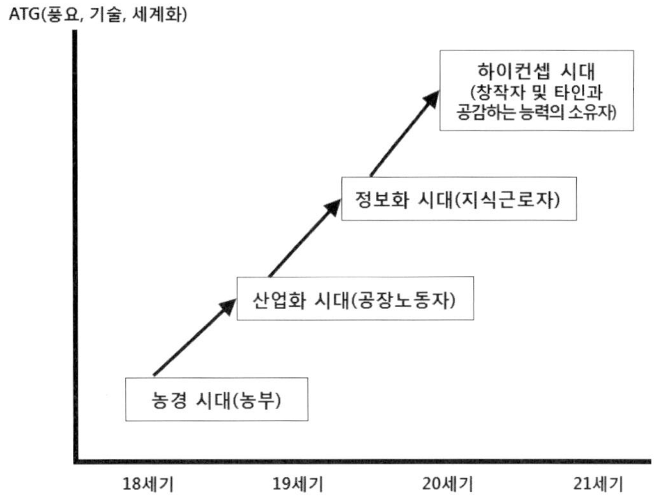

▲ 미래 사회의 변화

미래 정보사회의 인재는 암기를 통해 성취되는 지식이 아니라 지식을 검색하고 가공하여 자신만의 새로운 지식을 창출해 전 세계에 선보이는 새로운 정보활용 능력을 필요로 한다. 특히, 미래 사회에서는 지식의 생명 주기가 짧아지기 때문에 창의적 인재는 복합적이고 다양한 변화에 정보를 얼마나 효율적으로 생산하고 활용하느냐에 관심을 두고 있다. 21세기를 살고 있는 사람이라면 누구나 길러야 할 기본적인 능력인 핵심 역량과 관련된 연구를 살펴보면, 디지털 역량의 중요성을 알 수 있다. 디지털 역량은 올바른 윤리의식을 가지고 디지털 정보와 자료를 활용하여 문제와 과제를 비판적으로 분석하며 그것을 바탕으로 타인과 소통과 협업을 하는 능력이다(Ala-Mutka, 2011; Ferrari, 2012).

▼ 핵심 역량 vs 디지털 역량

구분	핵심 역량			
	디지털 역량	일반적 역량		
		인지적	정서적	사회적
OECD(2001)	도구를 상호작용적으로 활용하는 능력		자율적으로 행동하기	사회적 이질집단에서 상호작용하기
P21(2011)	정보 · 미디어 · 테크놀러지 능력	기초과목과 21세기 학제간주제 관련역량 학습 및 혁신 역량		생애 및 경력개발 역량
ATC21S (2012)	정보문해력 정보통신 기술능력	창의력과 혁신 능력 비판적 사고력 문제해결 의사결정 능력 학습하는 방법의 학습, 상위인지력	의사소통능력	협동 능력 지역 및 세계시민의식 생애발달 능력 개인과 사회적 책무성
한국직업능력개발원(2006)	자원정보 기술	종합적 사고력	의사소통 자기관리	글로벌 대인관계
한국교육과정평가원(2008)	정보처리 능력	기초학습 능력 창의력 문제해결 능력	의사소통 능력 자기관리 능력 진로개발 능력	대인관계 능력 시민의식 국제사회 문화이해

주) 호주, 미국, 핀란드, 싱가포르 등이 컨소시엄을 구성해서 추진된 '21세기 역량 평가와 지도(Assessment and Teaching of 21st Century Skills : ATC21S)', 미국의 '21세기 학습자에게 필요한 역량 연구(The Partnership for 21st Century Skills : P21)'

미래 정보사회의 인재의 조건으로 디지털역량의 개념을 통해 제시하면 다음과 같다.

첫째, 디지털역량은 정보기술을 이용하여 문제를 인식하고 필요한 정보를 수집하여 비판적으로 분석, 판단하는 것과 관련이 있다. 문서작성과 같은 기초적인 소프트웨어 활용 능력뿐만 아니라 다양한 출처로부터 얻게 되는 여러 형태의 정보를 비판적 사고력을 통해 조직하고 종합하는 것과 관계있다. 즉, 그것은 단순히 기능만 갖춘 제품, 서비스, 경험, 생활 스타일로 표현하는 것이 아니라 그것과 더불어 시각적으로 아름답거나 좋은 감정을 선사할 수 있는 가치 창출의 종합적 능력을 요구하고 있다.

둘째, 디지털역량은 목적에 맞게 새로운 정보를 제작하여 타인과의 의사소통을 효과적으로 할 수 있는 것과 관련이 있다. 정보 생산 및 교환을 통하여 사회에 참여하는 능력은 타인과의 관계에서 비롯된다. 우리는 인터넷과 소셜 네트워크 서비스(SNS)의 발달로 인해 너무 쉽게, 게다가 무료로 많은 정보들을 얻을 수 있다. 정보의 홍수 속에 자신 또는 타인이 생성한 지식이 높은 평가를 받으려면 정보의 정확성·신뢰성도 중요하지만, 감성적 공감을 제공하는 능력, 즉 스토리를 다루는 능력이 중요해졌다.

마지막으로, 디지털 역량은 디지털 자원 활용에 있어 윤리적 책임의식과 올바른 가치관으로 공동체 의식을 갖게 하는 것과 관련이 있다. 디지털 윤리의식은 정보화 사회를 살아가는 데 있어 옳음과 그름, 좋음과 나쁨, 윤리적인 것과 비윤리적인 것을 올바르게 판단하여 행동하는 데 필요한 규범적 기준이다(추병완, 2001).

따라서 미래 정보사회는 가치 있는 지식을 수집하고 선택적으로 활용하는 능력과 함께 정확한 정보를 바탕으로 합리적인 의사결정과 문제해결에 도움을 주는 디지털 역량을 갖춘 인재가 필요하다.

심화하기

지금껏 우리 시대는 정보를 잘 다루고 분야별 전문성을 효과적으로 발휘하는 사람이 성공하고 인정받는 '지식근로자'의 시대였다. 하지만 물질적 풍요는 정신적 가치에 대한 열망을 심화시키고 있다. 세계화는 화이트컬러의 업무를 해외로 이전시키고 있으며 과학기술의 발달은 일부 직종을 아예 사라지게 만들고 있다. 최근 오스본 교수가 발표한 '고용의 미래-우리의 직업은 컴퓨터화에 얼마나 민감한가?'라는 논문에 따르면 '10년 후 사라질 직업, 없어질 일' 702개 업종을 분석하였는데 그중 47%가 사라질 것이라고 발표한 바 있다. 그 이유는 컴퓨터에 의한 기술혁신이 빠르게 진행되어 지금까지 인간만이 할 수 있다고 생각했던 일들이 로봇과 같은 기계로 대체되고 있기 때문이다(다음 영상 참고).

〈출처〉 20년 이내 현재 직업의 47%가 사라진다! (명견만리)

지식 능력이 성공을 좌우하던 시대는 이미 지나가고 있다. 그렇다면 새로운 미래가 필요로 하는 인재의 조건은 무엇일까? 커뮤니케이션 능력이 뛰어나고 창의적이며 유연한 사고를 가진 사람, 변화하는 환경 속에 역동적으로 자신의 능력을 발휘할 수 있는 사람일 것이다. 특히, 개념과 감성이 강조되는 미래 정보사회에서는 하이테크 능력을 바탕으로 한 하이컨셉과 하이터치 재능을 요구하고 있다(다니엘 핑크, 2012).

하이컨셉은 예술적, 감성적 아름다움을 창조하는 능력을 말한다. 이는 트렌드와 기회를 감지하는 능력, 훌륭한 스토리를 만들어내는 능력, 언뜻 관계가 없어 보이는 아이디어들을 결합해 뛰어난 발명품을 만들어내는 능력이다.

하이터치는 공감을 이끌어내는 능력이다. 인간관계의 미묘한 감정을 이해하는 능력, 한 사람의 개성에서 다른 사람을 즐겁게 해주는 요소를 도출해내는 능력, 평범한 일상에서 목표와 의미를 이끌어내는 능력이다.

그렇다면 새로운 시대는 다양한 형태의 사고와 삶에 대한 접근을 통해 활기를 얻을 수 있는데 그것이 바로 하이컨셉과 하이터치 재능이라고 할 수 있다. 우리는 두 가지 재능을 장려하고 계발하기 위해 무엇을 준비해야 하는가?

첫째, 디자인으로 승부하는 것이다. 단순히 기능만 갖춘 제품, 서비스, 경험, 라이프스타일만으로는 더 이상 충분하지 않다. 이와 함께 시각적으로 아름답거나 좋은 감정을 선사할 수 있는 가치를 만들어야 경제적, 개인적 보상을 받을 수 있다.

둘째, 스토리를 겸비해야 한다. 우리 시대의 삶은 정보와 데이터로 넘쳐나고 있기에 강력한 메시지를 쏟아내는 것만으로는 부족하다. 어디선가 누군가는 분명 나의 주장을 반박할 수 있는 요소를 찾아낼 것이다. 그러나 단순한 주장을 넘어서 스토리텔링은 본질적으로 설득, 의사소통, 자기이해 등 훌륭한 스토리를 만들어내는 능력으로 하이컨셉과 하이터치의 밑받침이 되는 능력이다.

셋째, 조화를 이루어야 한다. 산업화 시대 및 정보화 시대에서는 집중과 전문화가 요구되었지만 화이트컬러 업무가 아시아로 확대되고 소프트웨어로 인해 그 업무가 줄어듦에 따라 새로운 부가가치가 생겨났다. 작은 부분들을 붙이는 능력, 조화 또는 융합능력이다. 그것은 분석이 아니라 통합으로 큰 그림을 볼 수 있고 새로운 전체를 구성하기 위해 이질적인 조각들을 서로 결합해내는 능력을 말한다.

넷째, 공감하는 능력이 필요하다. 논리적인 사고는 인간을 인간답게 만드는 능력 가운데 하나다. 하지만 정보가 풍부하고 분석적인 도구가 발전한 세계에서 논리만으로는 부족하다. 성공을 위해서는 차별화가 필요한데 다른 동료들의 마음을 상하게 하는 것이 무엇인지 이해하고, 유대를 강화하며 다른 이를 배려하는 정신을 갖추어야 한다.

다섯째, 유희가 필요하다. 웃음, 명랑한 마음, 게임, 유머가 건강 면에서나 사회적 성공 면에서 커다란 도움이 된다는 사실을 입증해주는 증거들은 많다. 물론 진지해져야 하는 때도 분명 존재한다. 그러나 지나친 진지함은 사회생활에도 악영향을 미칠 뿐 아니라 개인적인 풍요로운 삶도 망치고 만다. 하이컨셉, 하이터치 시대에는 업무적으로나 일상생활 면에서 마음의 여유를 즐길 필요가 있다.

마지막으로, 의미를 찾아야 한다. 우리가 살고 있는 시대의 물질적 풍요는 수억 명에 달하는 사람들이 생존투쟁에서 벗어날 수 있도록 해주었으며, 좀 더 깊은 의미를 모색하도록 이끌었다. 목적의식, 초월적인 가치, 정신적인 만족감이 그것이다. 의미를 부여하는 능력은 필수적인 재능으로 떠올랐다.

이렇게 6가지(디자인, 스토리, 조화, 공감, 유희, 의미)는 앞으로 미래 사회에서 직업적 성공과 개인적 만족을 얻기 위한 필수요소로 떠오를 것이다.

새로운 시대로 접어드는 우리는 각자 자신의 일을 주의깊게 관찰하면서 다음과 같은 질문을 스스로에게 던져봐야 한다.

① 해외에 있는 사람이 이 일을 더 싼 값에 할 수 있는가?
② 컴퓨터가 이 일을 더 빨리 할 수 있는가?
③ 풍요의 시대에 비물질적이며 초월적인 욕구를 만족시키는 상품이나 서비스를 제공하고 있는가?

1장 종합하기

01 **다음은 데이터와 정보, 지식, 지혜를 구분하는 예이다. 적절하게 연결하시오.**

가. 대학생의 휴대폰 활용횟수	a. 지식
나. 휴대폰 디자인에 대한 대학생들의 취향	b. 데이터
다. 중년층을 타깃으로 하는 스마트폴더폰 개발	c. 정보
라. 고객의 나이	d. 지혜

02 **우리가 원하는 시간에 정보가 제공되어야 하는데, 원하는 시간에 제공되지 못하면 정보로서의 가치가 없어지게 되는 정보의 특성은 무엇인가?**

① 적시성 ② 독점성
③ 공개 정보 ④ 비공개 정보

03 **정보화 사회에 대한 특징으로 옳지 않은 것은?**

① 정보통신 기술을 활용하여 사회 각 분야에서 필요로 하는 가치를 창출하는 사회
② 개인 생활 및 정치, 문화, 교육 등 사회생활에서 정보의존성이 점점 커지는 사회
③ 전 세계를 하나의 공간으로 여기는 수직적 네트워크 사회
④ 경제활동의 중심이 정보의 가치 생산을 중심으로 움직이는 사회

04 다음은 미래 사회를 이끄는 유망기술 6T이다. 관련된 설명으로 적절한 것을 고르시오.

① CT(Cultural Technology)	② BT(Bio Technology)
③ IT(Information Technology)	④ ET(Environmental Technology)
⑤ ST(Space Technology)	⑥ NT(Nano Technology)

가. 인간 유전자를 분석하거나 맞춤의료, 인공장기, 유전자 치료 등 사람의 건강과 관련된 기술 (　　)

나. 디지털 미디어에 기반한 첨단 문화예술산업을 발전시키기 위한 기술 (　　)

다. 문자, 음성, 영상 등 정보를 생성, 도출, 가공, 처리, 전송, 저장하는 기술 (　　)

라. 원자, 분자크기의 수준에서 물질을 분석, 조작, 제어할 수 있는 기술 (　　)

마. 환경오염의 저감, 예방, 복원기술 및 에너지 기술 (　　)

바. 위성체, 발사체, 항공기 등의 개발 관련 기술 (　　)

05 다음 빈칸 A와 B에 들어갈 알맞은 용어가 무엇인지 적으시오.

> 미래학자 다니엘 핑크(Daniel H. Pink)는 앞으로 이 시대를 대표하는 소비가치의 기준으로 무관해 보이는 아이디어를 결합해 남들이 생각하지 못한 새로운 아이디어를 만드는 역량인 '(A)'시대라고 주장했다. 특히 전통적으로 기업들이 제품혁신을 통한 비용 절감 및 고객가치의 제고를 통한 차별화 전략이 최근 한계에 직면하면서 '(A)'의 중요성이 더욱 부각되고 있으며, 이의 성공적인 구현을 위해서는 인간의 섬세한 감정을 파악해 공감을 이끌어내는 능력인 '(B)'가 중요하다고 역설했다.

06 미래 정보사회에서 직장인에게 요구되는 직업능력 가운데 정보능력은 기존 데스크톱 기반의 정보화 환경에서 요구되었던 문서작성과 같은 기초적인 소프트웨어 활용능력이나 인터넷 정보검색 능력에서 나아가 다양한 정보통신 디바이스를 활용하는 정보생산 및 유통, 사회참여, 공유 등의 활동들이라 할 수 있다. 그렇다면, 정보화 사회에서 필수적인 정보능력은 무엇인지 그 이유와 함께 설명하시오.

[힌트] 정보윤리, 개인정보 보호, 정보소통 방법 등

Memo

2장

정보윤리

1. 인터넷 윤리와 집단지성
2. 인터넷 중독과 스마트폰 중독
3. 저작권 침해와 CCL(저작권표기법)
4. 개인정보 침해와 대응방안
5. 사이버 범죄와 대응방안

2장 정보윤리

소 개

이 장에서는 정보사회의 긍정적 기능과 함께 개인적·사회적으로 큰 피해를 발생시키는 여러 가지 역기능에 대해 살펴보고 이에 적절히 대응할 수 있는 방법들을 익혀 올바른 정보윤리 의식과 실천능력을 학습한다.

학습목표

- 정보화의 역기능 사례를 통해 지적 재산권 보호, 개인정보 유출 방지, 사이버 범죄 예방과 같은 올바른 정보이용방법을 설명할 수 있다.
- 저작권의 기본적인 내용을 이해하고, 다른 사람의 창작물을 올바르게 이용하는 방법을 설명할 수 있다.
- 개인정보의 중요성을 이해하고, 개인정보를 보호하기 위한 방법을 설명할 수 있다.
- 오늘날 사이버범죄의 특성을 이해하고 사이버범죄 유형별 대처방법을 설명할 수 있다.

학습내용

- **지식** : 지적재산권의 개념과 저작권 침해, 저작권 표시 유형, 사이버범죄 종류, 정보보안 개념
- **기술** : 정보의 유형별 저작권 표기법, 디지털 서명 만드는 방법, 디지털 보안 문서 작성법
- **상황** : 스마트폰 중독 예방방법, 저작권보호 활동, 사이버범죄 유형별 예방수칙 실천 정보윤리의식 요구

1. 인터넷 윤리와 집단지성[2)]

정보기술이 발달함에 따라 해킹, 개인정보 유출, 저작권 침해 등 정보화의 역기능과 관련된 다양한 문제들이 발생되고 있다. 이러한 문제를 예방하고 대처하기 위해서는 정보보안기술이나 백신 프로그램 개발 등 기술적인 방법, 사이버 범죄에 대한 처벌법과 같은 사회제도적 장치도 필요하지만 무엇보다 타인에게 피해를 주지 않고 올바르게 정보를 이용하는 개인의 정보윤리 의식이 요구되고 있다.

소셜 미디어 네트워크를 통해 자신의 관심사를 알리고 공유하거나 혹은 새로운 인적

2) 〈출처〉 정보 사회의 이해, 이항우 외, 2011.

네트워크를 만들어 나가는 디지털 문화는 협력과 정보 공유 방식으로 전 세계를 연결하고 있다. 유튜브에 개인이 촬영한 동영상을 올려 유명인이 되기도 하고 자신이 원하는 직업을 얻기도 한다. 정해진 시간에 맞춰 콘텐츠를 소비하는 것보다 자신이 원하는 시간에 콘텐츠를 소비할 수 있게 되었다. 또한 인터넷에서 화제가 되는 인물이 사회에서 유명한 스타가 되기도 하고, 기업에서 수집할 수 없는 정보들이 블로그, 개인의 다양한 채널에서 중요한 경제적 가치를 드러내기도 한다.

디지털 기술이 이용자에게 미치는 영향력이 점차 커지면서 이제 기술은 단순히 인맥을 관리하거나 커뮤니케이션을 하는 수단을 넘어서서 미래를 바라보고 예측하는 방식을 변화시키고 있다. 컴퓨터 네트워크를 통해 만들어지는 문화가 일방향의 수직적 문화가 아니라 서로 주고받는 양방향의 수평적인 문화를 촉진하였고, 개인 이용자의 자발적이고 주체적인 문화 활동으로 이어지게 하였다. 그러나 인터넷을 통한 공유와 나눔과 같은 디지털 문화의 생산적 활동에 있어 지적 재산권 보호와 개인정보 유출 및 사이버 범죄 등에 노출되지 않도록 디지털 시민 윤리의식이 필요하다.

인터넷 서핑을 하다가 배너 창에 뜬 음란 광고를 클릭해서 본 적이 있는가? 웹과 같은 새로운 미디어가 발달하면서 개인과 사회에 해가 되는 정보도 많아졌다. 이러한 정보 중 법으로 금지하고 처벌될 수 있는 정보를 불법 정보(불법 콘텐츠)라고 한다.

2000년대 후반부터는 급속히 보급되기 시작한 스마트폰이 일상화되어 개인 간의 실시간 정보교환이 가능해지면서, 온라인상 유해 정보의 유통도 늘어나고 있다. 특히 청소년

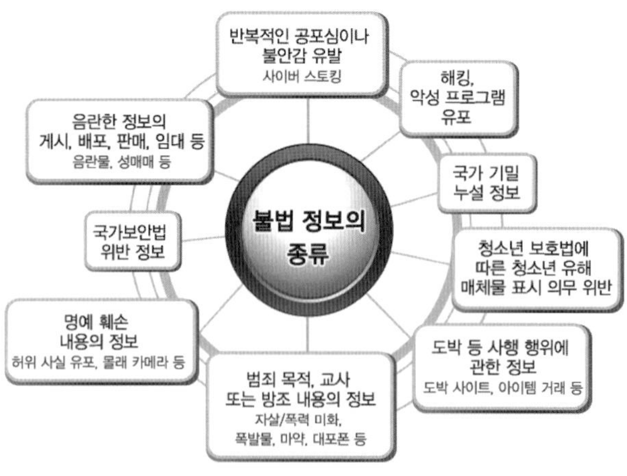

▲ '정보 통신망 이용 촉진 및 정보 보호 등에 관한 법'에 의한 불법 정보

들의 스마트폰 보급이 급속히 확산되면서 청소년들 사이의 유해 정보 노출도 심각한 실정에 이르고 있다. 경찰청 사이버 안전국이 2014년 7월 1일부터 14일까지 '자살 · 음란물' 신고대회를 개최한 결과, 보름 동안 접수된 음란물이 3만 2,111건, 자살 관련 정보가 2,093건에 달했다.

그리고 유해 정보에 접근하는 경로로는 인터넷 검색, 인터넷 공유(P2P) 사이트, 웹 하드, 게임, 인터넷 카페 등 커뮤니티, 미니 홈피, 개인 블로그, UCC, 인터넷 채팅, SNS 등으로 나타났다. 유해 정보 중 가장 많이 접하는 것은 음란물로, 음란 동영상 및 사진, 성매매, 불건전 만남 유도 등이 있다.

생각하기

다음과 같이 유해 정보 접근 경험에 대해 설문조사로 응답결과를 분석해보고 토의문제를 해결해보자.

※ 온라인 설문조사 도구를 이용하면 통계결과를 쉽게 파악할 수 있다(p.99 참고).

1) 정보 생활을 하면서 마주쳤던 유해 정보에는 어떤 것이 있었나요? (복수 응답)
① 음란물 ② 명예 훼손 ③ 도박 ④ 사기성 글 ⑤ 폭력 유도 글
⑥ 자살 유도 글 ⑦ 폭발물 제조글 ⑧ 유해 약물 판매글 ⑨ 기타

2) 이런 유해 정보 중 개인적으로 일부러 접근했던 정보에는 어떤 것이 있었나요?
① 음란물 ② 명예 훼손 ③ 도박 ④ 사기성 글 ⑤ 폭력 유도 글
⑥ 자살 유도 글 ⑦ 폭발물 제조 글 ⑧ 유해 약물 판매 글 ⑨ 기타

3) 어디에서 주로 유해 정보에 접근했나요?
① 집 ② 학교 ③ PC방 ④ 기타

4) 어떤 유통 경로로 유해 정보에 접근했나요?
① 개인 홈페이지 ② 외국 서버 ③ 광고 배너 ④ 스팸성 메일 ⑤ SNS
⑥ 문자 광고 ⑦ 휴대전화 ⑧ P2P ⑨ 웹 하드 ⑩ 기타

1. 우리들이 어떤 유해 정보를, 어디에서, 어떤 유통 경로로 접하는지 토의해보자.

2. 불건전한 정보가 많이 유통되는 이유는 무엇이라고 생각하는지 토의한 후 정리해보자.

3. 불건전한 정보가 우리에게 미치는 영향을 토의한 후 정리해보자.

심화하기

집단지성이란 무엇일까? 집단지성은 기업의 핵심전략으로 이용될 정도로 많이 거론되고 있다. 이는 사회 다양성 확대 속에 자기 의견을 담고자 하는 소비자가 늘고 있기 때문이다. 집단지성은 현 시대에 등장한 새로운 현상처럼 보이지만 우리가 지니고 있는 총체적인 문화적 산물이 소위 집단지성의 산물이다. 자연을 이겨내고 삶의 방식을 만들어 가는 오랜 역사의 흐름 자체가 집단지성인 것이다. 그런데 왜 집단지성이 이렇게 강조되고 있는 것일까?

집단지성은 1910년대 하버드 대학 교수이자 곤충학자인 윌리엄 모턴 할 리가 개미의 사회적 행동을 관찰하면서 처음 제시한 개념으로 다수의 개체들이 서로 협력 혹은 경쟁을 통하여 얻게 되는 지적 능력에 의한 결과로 얻어진 집단적 능력을 말한다. 우리가 인터넷의 집단지성을 가리켜 위키피디아나 지식검색으로 이해하는 것과 같다.

집단지성의 활용을 예견한 피에르 레비(1994)의 저서 『집단지성』을 보면, 미래 사회에는 사이버 공간을 통한 지식과 정보의 자유로운 분배 및 상호교환을 구심점으로 하는 형태가 도래할 것이라고 설명했다. 피에르 레비는 인터넷을 의사소통의 장으로 규정하고 인간은 끊임없이 사상과 정보를 교환하고, 누구나 자신의 공간을 가지며 일종의 공동체를 형성하게 될 것이라고 보았다. 실제로 내가 알지 못하는 다양한 경우에 대해 인터넷 이용자들은 경제적 보상과 상관없이 자신의 자료와 정보를 제공하고 있다. 어떤 음식점이 좋은지, 육아 정보, 학과나 전공선택에 있어서 노하우, 심지어 사적인 결혼과정과 연봉까지 그 종류와 내용은 매우 다양하다.

예를 들면, 다음 사례와 같이 일상생활에서 전문적인 작업에 이르기까지 온라인을 통해 많은 조언과 도움을 구하고 있다. 어떤 경우에는 전적으로 신뢰하고 실제 행동에 옮기기까지 한다. 신뢰성과 타당성을 배제한 채, 자기 행위의 근거 자료로 사용하기도 하는데, 이것과 관련하여 어떠한 문제점과 이득이 있는지 경험담 또는 생각을 토의해보자.

〈사례 A〉

얼마 전부터 노트북이 자꾸 다운된다. 그동안 별 탈 없이 잘 사용했는데 특정 작업을 수행하려 하면 갑자기 파란색 화면 위에 이해하지 못할 영문자들이 뜬다. 오늘은 부팅이 되다가 아예 화면이 멈추었다. 상당히 난감하다. 동료가 쓰는 컴퓨터로 달려가 인터넷을 클릭하고 모 포털사이트에 이를 어찌해야 할지 다음과 같이 물어봤다. "컴퓨터가 자꾸 꺼져요."

나 말고도 이런 문제를 질문한 사람이 만명이 넘는다. 내가 구체적으로 질문하지 않아도 다른 이들의 질문과 답변을 통해 바이러스 문제임을 알게 되었고, A/S를 신청하지 않고도 손쉽게 문제를 해결했다.

지식iN 1-10 / 16,835건

Q **컴퓨터가 자꾸 꺼져요** 2015.10.26.
꺼져버렸습니다 그러고 다시 켜보니 전원버튼 누르고 한 10초 있다가 다시 또 **꺼져**버립니다. 제가 **컴퓨터**를 잘 몰라서 뭐가 문제고 부품이면 뭘 바꿔야하는지 알려주세요.
A **컴퓨터** 전원 차단 후, 케이블 모두 뽑으셔서 사진에 보이는 램카드를 탈착하세요... 그리고 금색 부분을 지우개로 닦으시고 이물질 털어내신 후, 다시 조립하시고 해보세요.....
컴퓨터통신 > 컴퓨터, 하드웨어 > 컴퓨터 부품, 조립 2 · 3

Q **컴퓨터가 자꾸 꺼져요**ㅠㅠ 2015.09.20.
제가 동영상을 편집하고 저장할때 **컴퓨터**를 걍 보고있는데ㅠ거의 다 저장됬는데 **자꾸 꺼져요**ㅠㅠ 어떻해요?
A 특히 window xp가 잘 **꺼져요**. 편집하실 때는 노트북 말고 **컴퓨터가** 좋습니다. **컴퓨터** 온도가 높아지지 않게 하기 위해서는 노트북 배터리를 장착한 다음 편집한다. 가끔 배터리...
컴퓨터통신 > 소프트웨어 > 멀티미디어소프트웨어 1 · 0

〈사례 B〉

피부가 가려워서 병원에 갔다. 의사가 몇 가지 질문과 검사를 하고는 아토피성피부염이라는 진단을 내린다. 치료에 오랜 시간이 걸린다며 약이 한아름 들어있는 처방전을 주고, 주의할 점을 알려준다. 먼저 약국에 들러 약을 수령하고 집에 오자마자 인터넷에 접속해 포털사이트 검색창에 아토피성피부염이라고 쳐보았다. 곧바로 여러 가지 형태의 내용들이 소개된다. 블로그, 카페, 웹문서, 이미지, 그리고 지식검색에 학술논문과 같은 전문자료까지 등장한다.

아토피의 원인, 증상, 치료법, 약성분, 좋은 병원, 좋은 음식에 이르기까지 종류를 헤아릴 수가 없다. 이에 대한 답변 또한 너무나 다양하다. 공통적인 답변들도 종종 눈에 띄지만 정확한 해결책이 무엇인지 모를 정도로 다양한 답변들이 등장한다.

왜 사람들은 전문의사의 진로를 받고도 집에 오자마자 인터넷 공간에 물어보는 것일까?
나는 수많은 답변 중에 어떠한 답변을 믿어야 하는가? 추천수나 조회수가 그 기준이 될 수 있는가? 아니면 자세하고 길게 서술된 설명이나 자료를 믿어야 하는가? 상당히 혼란스럽다.

여기서 중요하게 따져보아야 할 사회심리학적 개념이 바로 '신뢰'다. 집단지성과 신뢰는 밀접한 관련성과 함께 위험성을 태생적으로 내포하고 있다. 예를 들어, 동료들에게 이끌려 처음 가본 음식점에서 나를 제외한 모두가 A라는 음식을 주문했다고 하자. 원래 B라는 음식을 주문하려 했던 나는 이 음식점이 A라는 음식을 잘한다는 정보와 함께 다들 A라는 음식을 주문한 것에 갈등이 생긴다. 결국 나도 A라는 음식을 시키게 되는 경우가 많이 발생한다. 사회심리학자 솔로몬 애쉬의 실험 데이터에 의하면 이런 사람들이 평균 70%정도인데, 이런 현상을 '동조'라고 한다.

인터넷 공간에서는 이러한 동조에 기반을 둔 다양한 현상들이 나타나는데, 대표적인 사례 중 하나가 집단지성이라 할 수 있다. 특정 조건 아래서 서로의 생각을 모아 발전시키고 구체화하기보다 다른 집단의 의견에 쉽게 동의하고 그 의견의 합리성을 더해주는 근거를 모으는 모습이 나타날 수도 있는 것이다. 다수의 의견과 다른 생각을 제시한 소수는 인터넷상에서 쉽게 도태되고 초라한 저장의 모습을 보이는 경우가 많이 나타나며, 심지어 소수 의견 자체가 개진되지도 못하는 현상이 발생할 수도 있다. 손쉬운 지식검색의 답변 결과는 검증되지 않은 다수의 의견으로 처리되어 버리는 다소 무거운 결과를 초래하기도 한다.

따라서 집단지성이라는 단어는 조심스러운 평가가 이루어져야 한다. 집단의 생각은 구성원 전체의 의견을 모은 것이 아니라는 점을 미리 전제할 필요가 있다.

2. 인터넷 중독과 스마트폰 중독[3)]

생각하기

'스마트폰 중독 묵념'이란 제목의 공익광고에 등장하는 문구이다. 스마트폰은 SNS (Social Network Service)를 활발하게 하는 일등공신이다. 그런 SNS를 풍자하는 광고에선 이를 'S : 서로가, N : 남남이 되게 하는, S : 서비스'로 새롭게 명명하기도 한다. 그들은 왜 우리가 공간적 제약을 넘어 소통하게 해주는 도구인 소셜 미디어를 비판하고 나선 것일까?

3) 〈출처〉 한국정보화진흥원 홈페이지 참조(www.iapc.or.kr)

우리는 페이스북과 트위터와 같은 SNS를 통해 맛있는 음식과 행복한 기억만을 드러내며 자신을 남들에게 과시한다. 그러한 욕구는 자신을 허울뿐인 명품으로 포장하고, 자아정체성에 혼란을 야기하며 서서히 거짓 자아를 형성하게 만든다. 이러한 흐름은 우리의 행동이나 사고에 있어 자유롭고 능동적인 자아정체성을 형성하는 데 엄청난 악영향을 미친다.

뿐만 아니라 가상공간에 갇힌 우리는 현실에선 관계의 확장이 아닌 결핍을 부르고 있음을 인식해야 한다. 가상공간과 거짓된 자아에 대한 집착이 타인에 대한 관심과 애정조차 무감각해지게 조장하기 때문이다. 이는 요즘 사회에 접어들수록 점점 심각한 문제를 야기하고 있다.

다음 영상을 보고 우리 생활 전반의 스마트폰 사용에 대한 문제점과 원인, 해결방안을 제시해보자.

〈출처〉 스마트폰으로 잃어버린 것들에 대한 묵념(2013 공익광고제 대상수상작)

문제점	원인	해결방안 및 규칙

Tip ▶▶▶ 스마트폰 사용 문제점을 Brain Writing 방법을 이용하여 토론해보자.

① 접착식 메모지 1장에 본인이 생각하는 스마트폰 사용 문제점 1개를 적는다.
② 한 사람당 2~3장씩 문제점을 적는다.
③ 각자 적은 문제점을 모두 확인할 수 있는 벽 또는 칠판에 붙인다.
④ 팀별로 함께 붙여 놓은 문제점들을 종류별로 분류한다. (분류할 때는 같은 유형의 문제점은 아래쪽으로, 다른 문제점은 옆으로 붙인다.)
⑤ 분류된 문제점들의 가장 위쪽에 그 분류의 문제점을 대표할 수 있는 문제점을 제목으로 적는다.

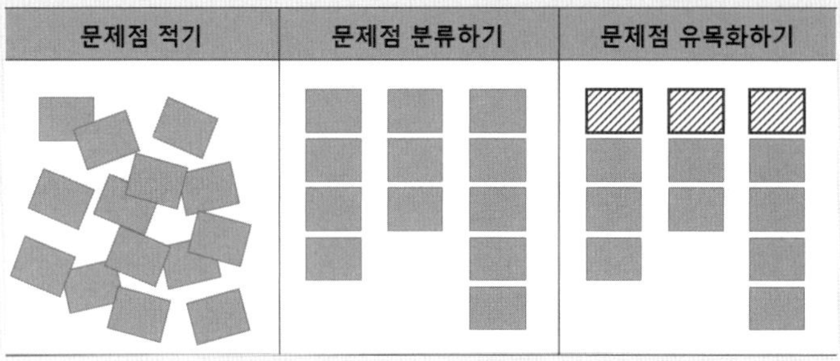

2.1 인터넷 중독

왜 우리는 인터넷에 중독될까?

인터넷 중독이란 인터넷을 과다 사용하여 인터넷 사용에 대한 금단과 내성을 지니고 있으며, 이로 인해 이용자의 일상생활 장애가 유발되는 상태를 의미한다.

인터넷 중독을 병적 도박의 기준을 이용하여 연구한 킴벌리 영(Kimberly Young)은 다음의 다섯 가지 특성이 인터넷에 중독되게 하는 요인이라고 설명했다. 그 다섯 가지의 요인은 다음과 같다.

① 사회적 지지(social support)
② 성적 만족(sexual fullfillment)
③ 새로운 인격 창출(creating new persona)
④ 억압된 성격 표출(unlocked personalities)
⑤ 인식과 힘(recognition/power)

심리학자 영은 인터넷이 가상적 세계라는 배경 속에서 제공하는 사회적 욕구의 해소가 인터넷 중독의 큰 특징이라는 것을 설명하고 있다.

영은 특별히 인터넷 중독 중 자주 보이는 '넷(net) 강박증'과 '사이버 섹스 중독'에 대해 'ACE 모델'을 제시하면서 설명하고 있다. 먼저, 사이버 섹스 중독에 관한 ACE 모델부터 보자. 첫째, 익명성(Anonymity)이다. 온라인 공간에서는 내가 누구인지 드러나지 않기 때문에 특별한 제지 없이 마음껏 성적 활동을 할 수 있다. 둘째, 편리성(Convenience)이다. 온라인 공간에서는 포르노그라피를 보는 것을 비롯하여 다양한 성적 콘텐츠와 자료를 쉽게 접할 수 있다. 뿐만 아니라 채팅을 통해 성적 활동 또한 쉽게 할 수 있다. 셋째, 도피 혹은 탈출(Escape)이 자유롭다. 인터넷에서는 익명성에 기초해 편리하게 성 활동을 함으로 정신적 긴장으로부터 벗어날 수 있다. 또 성적으로 다양한 환상을 가지게 함으로써 정신적으로 새로운 상태에 도달할 수 있게 해준다.

넷(net) 강박증도 이처럼 영어 대문자 ACE로 설명이 가능하다. 먼저 인터넷은 접근성(Accessibility)이 좋다. 인터넷이 있기 전만 해도 도박, 게임, 경매 등의 오락 활동을 하기 위해서는 특별한 공간을 찾아서 이동해야 했지만, 인터넷의 등장으로 컴퓨터와 인터넷 연결망만 갖추면 어디서든 쉽게 원하는 오락을 즐길 수 있다. 두 번째 특징으로 통제성(Control)을 들 수 있다. 인터넷에서는 과거의 현실 공간에서보다 훨씬 편리하게 게임, 주식, 경매 등을 개인들이 통제할 수 있게 되었다. 물론 개인들의 책임 또한 훨씬 커진 것도 사실이다. 마지막으로 흥분, 쾌감(Excitement)이 있다. 게임, 주식, 경매 등 오락 활동을 통하여 형성되는 흥분과 쾌감을 말한다. 이것이 중요한 보상이 되어 중독으로 이끈다.

2.2 스마트폰 중독

무엇보다 두드러진 변화는 스마트폰의 확산에 따라 커뮤니케이션 양식이 달라지고 있다는 것이다. 그러한 특성이 가장 잘 반영된 예로 SNS(Social Network Service) 이용의 증가를 들 수 있다. 국내에서는 카카오톡, 라인, 트위터, 페이스북 등의 사용이 대표적이다. 이와 같은 과도한 사이버 미디어의 사용으로 정적 일대일 대면 관계를 통한 의사소통이나 대인관계에 어려움을 느끼거나, 현실적 관계 속에서의 가족 및 주변인들과의 소통에 있어서 어려움을 야기하는 경우가 종종 발견되고 있다.

스마트폰 중독이란 스마트폰을 과다하게 사용하여 스마트폰 사용에 대한 금단과 내성을 지니고 있으며, 이로 인해 일상생활 장애가 유발되는 상태를 말한다. 스마트폰의 과도한 사용으로 인해 생기는 다양한 부작용들의 예는 우리 주변에서 쉽게 찾아볼 수 있다. 잦은 예로 거리에서 스마트폰으로 영상을 보느라 신호등도 살피지 않고 길을 건너는 위험한 모습이 자주 목격되며, 운전 중 스마트폰을 하다가 사고가 나기도 한다. 어린 유치원생들부터 입시 스트레스에 시달리는 고등학생들까지 스마트폰 애플리케이션의 게임에 빠진 모습을 종종 찾아볼 수 있으며, 스마트폰을 사용하느라 수업 시간에 집중을 못하는 학생들도 많다(그런 이유로 아예 학교에서 스마트폰을 금지하는 경우도 있다).

서울시가 스마트폰 중독 예방 캠페인을 실시하였는데, 특히 청소년과 시민의 스마트폰 중독을 막기 위해 '일주일에 한 번, 한 시간 스마트폰을 끄고 가족과 대화를 하자'는 내용의 '스마트폰 1-1-1 운동'을 전개한 바 있다.

스마트폰 중독 유형을 다음 그림과 같이 6가지로 구분할 수 있다.

① **정보검색 중독** : 자신에게 정말 필요한 것보다는 정보수집 자체에 집착하여 강박적으로 웹사이트나 자료를 검색하는 경우

② **모바일 메신저 중독** : 모바일 메신저를 통한 인간관계에 몰두해 실제 인간관계를 등한시하는 경우

③ SNS 중독 : 개인 홈페이지, 인터넷 동호회 등을 운영하거나 소셜 네트워크 서비스를 사용하는데 과도하게 시간을 할애하는 경우

④ 앱 중독(앱피로 증후군) : 스마트폰에서 모바일 앱을 끊임없이 내려받기에 빠진 경우

⑤ 모바일게임 중독 : 스마트기기를 통한 게임을 과다 사용하는 경우

⑥ 모바일 성인용콘텐츠 중독 : 섹스나 포르노 등의 내용물을 담고 있는 모바일 콘텐츠를 강박적으로 계속 드나드는 경우(음란채팅, 음란물공유, 야동, 야설 등)

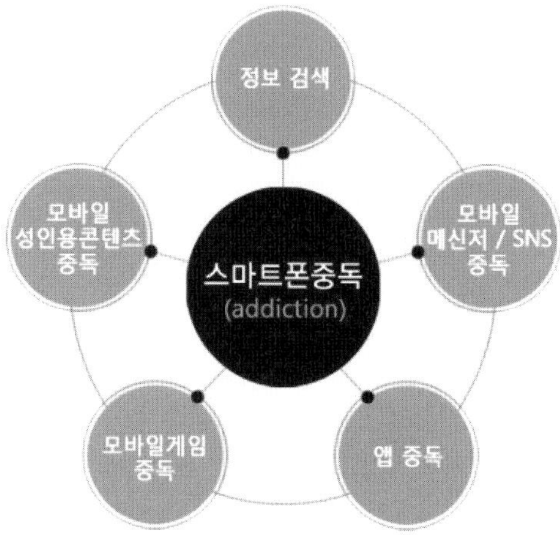

▲ 스마트폰 중독 유형

대한민국은 '대화 감옥'에 갇혀 있다. 20, 30대 젊은 스마트폰 사용자들은 끊임없이 쏟아지는 스마트폰 문자 더미에 파묻혀 살고 있다고 해도 과언이 아니다. 실제로 카카오톡과 같은 모바일 메신저를 이용하는 대학생 A씨는 동아리 면접일정, 수업평가, 책 구매비법, 과제해결방법, 점심메뉴 공유 등이 문자로 오간다고 했다. 선배 연락처, 교수님 이메일 정보도 교환한다. 일상적으로 주고받는 수다가 스마트폰으로 주고받는 문자로 대체되었다고 해도 무방한 수준이다.

우리는 하루에 몇 번이나 문자를 확인하고, 스마트폰을 주로 이용하는 목적이 무엇인지 경험담을 이야기해보고 스마트폰으로 인한 부작용은 없는지 토론해보자.

대학 2학년 한송이 학생은 스마트폰 문자 폭탄을 '카톡 감옥'이라고 부른다. 학과, 동아리 등 한번 끌려가면 빠져 나올 수 없는 단체창이 몇 개나 되기 때문이다. "잠깐 한 눈 팔면 문자 500개가 쌓이는 것은 금방이죠"
최근 수업에선 담당교수가 조별 과제를 내주었는데 한씨와 조원들은 카톡창부터 열었다.

소셜 네트워크 서비스 페이스북을 애용하는 유인기씨는 '좋아요'수나 댓글에 집착한다고 고백했다. 그의 페이스북 친구는 450명, 유씨는 "누가 '좋아요'가 더 많이 달렸는지 친구랑 내기한 적도 있다"며 "밤 10시에 글을 게재하고 다음날 '좋아요'가 얼마나 달렸을까 기대하며 잠드는 경우도 많다"고 말했다.

진단하기

한국정보화진흥원이 개발한 표준화된 스마트폰 중독 진단척도인 S-척도를 이용하여 스마트폰 중독 자가진단과 그 결과를 바탕으로 스마트폰의 건전한 활용방안에 대해 토론해보자.

	항 목	전혀 그렇지 않다	그렇지 않다	그렇다	매우 그렇다
1	스마트폰의 지나친 사용으로 학교성적이나 업무능률이 떨어진다.				
2	스마트폰을 사용하지 못하면 온 세상을 잃을 것 같은 생각이 든다.				
3	스마트폰을 사용할 때 그만해야지 하고 생각은 하면서도 계속한다.				
4	스마트폰이 없어도 불안하지 않다.				
5	수시로 스마트폰을 사용하다가 지적을 받은 적이 있다.				
6	가족이나 친구들과 함께 있는 것보다 스마트폰을 사용하고 있는 것이 더 즐겁다.				
7	스마트폰 사용시간을 줄이려고 해보았지만 실패한다.				
8	스마트폰을 사용할 수 없게 된다면 견디기 힘들 것이다.				
9	스마트폰을 너무 자주 또는 오래 한다고 가족이나 친구들로부터 불평을 들은 적이 있다.				
10	스마트폰 사용에 많은 시간을 보내지 않는다.				
11	스마트폰이 옆에 없으면, 하루 종일 일(또는 공부)이 손에 안 잡힌다.				
12	스마트폰을 사용하느라 지금 하고 있는 일(공부)에 집중이 안 된 적이 있다.				
13	스마트폰 사용에 많은 시간을 보내는 것이 습관화되었다.				
14	스마트폰이 없으면 안절부절못하고 초조해진다.				
15	스마트폰 사용이 지금 하고 있는 일(공부)에 방해가 되지 않는다.				

<table>
<tr><td rowspan="2">채점 방법</td><td>[1단계]
문항별</td><td>전혀 그렇지 않다 : 1점, 그렇지 않다 : 2점, 그렇다 : 3점, 매우 그렇다 : 4점
※ 단, 문항 4번, 10번, 15번은 다음과 같이 역채점 실시
〈전혀 그렇지 않다 : 4점, 그렇지 않다 : 3점, 그렇다 : 2점, 매우 그렇다 : 1점〉</td></tr>
<tr><td>[2단계]
총점 및
요인별</td><td>총 점 ▶ ① 1~15번 합계
요인별 ▶ ② 1요인(1,5,9,12,15번) 합계 ③ 3요인(4,8,11,14번) 합계
④ 4요인(3,7,10,13번) 합계</td></tr>
<tr><td rowspan="3">고위험 사용자군</td><td colspan="2">총 점▶ ① 44점 이상
요인별▶ ② 1요인 15점 이상 ③ 3요인 13점 이상 ④ 4요인 13점 이상</td></tr>
<tr><td colspan="2">판정 : ①에 해당하거나, ②~④ 모두 해당되는 경우</td></tr>
<tr><td colspan="2">스마트폰 사용으로 인하여 일상생활에서 심각한 장애를 보이면서 내성 및 금단 현상이 나타난다. 스마트폰으로 이루어지는 대인관계가 대부분이며, 비도덕적 행위와 막연한 긍정적 기대가 있고 특정 앱이나 기능에 집착하는 특성을 보이기도 한다. 현실 생활에서도 습관적으로 사용하게 되며 스마트폰 없이는 한 순간도 견디기 힘들다고 느낀다. 따라서, 스마트폰 사용으로 인하여 학업이나 대인관계를 제대로 수행할 수 없으며 자신이 스마트폰 중독이라고 느낀다. 또한, 심리적으로 불안정감 및 대인관계 곤란감, 우울한 기분 등이 흔하며, 성격적으로 자기조절에 심각한 어려움을 보이며 무계획적인 충동성도 높은 편이다. 현실 세계에서 사회적 관계에 문제가 있으며, 외로움을 느끼는 경우도 많다.
▷ 스마트폰 중독 경향성이 매우 높으므로 관련 기관의 전문적 지원과 도움이 요청된다.</td></tr>
<tr><td rowspan="3">잠재적 위험 사용자군</td><td colspan="2">총 점▶ ① 40점 이상~43점 이하
요인별▶ ② 1요인 14점 이상</td></tr>
<tr><td colspan="2">판정 : ①~② 중 한 가지라도 해당되는 경우</td></tr>
<tr><td colspan="2">고위험 사용자군에 비해 경미한 수준이지만 일상생활에서 장애를 보이며, 필요 이상으로 스마트폰 사용시간이 늘어나고 집착을 하게 된다. 학업에 어려움이 나타날 수 있으며, 심리적 불안정감을 보이지만 절반 정도는 자신이 아무 문제가 없다고 느낀다. 다분히 계획적이지 못하고 자기조절에 어려움을 보이며 자신감도 낮게 된다.
▷ 스마트폰 과다 사용의 위험을 깨닫고 스스로 조절하고 계획적인 사용을 하도록 노력한다. 스마트폰 중독에 대한 주의가 요망된다.</td></tr>
<tr><td rowspan="3">일반 사용자군</td><td colspan="2">총 점▶ ① 39점 이하
요인별▶ ② 1요인 13점 이하 ③ 3요인 12점 이하 ④ 4요인 12점 이하</td></tr>
<tr><td colspan="2">판정 : ①~④ 모두 해당되거나 고위험 및 잠재적 위험군에 속하지 않는 경우</td></tr>
<tr><td colspan="2">대부분이 스마트폰 중독문제가 없다고 느낀다. 심리적 정서문제나 성격적 특성에서도 특이한 문제를 보이지 않으며, 자기행동을 관리한다고 생각한다. 주변 사람들과의 대인관계에서도 자신이 충분한 지원을 얻을 수 있다고 느끼며, 심각한 외로움이나 곤란감을 느끼지 않는다.
▷ 때때로 스마트폰의 건전한 활용에 대하여 자기 점검을 지속적으로 수행한다.</td></tr>
</table>

스마트폰 중독 예방가이드를 제시하면 다음과 같다.

성인용

**스마트폰을 정말 스마트하게 사용하는지
생각해 볼 때입니다.**

**채팅 · 메신저로 멀리 있는 친구와 대화하는 대신
당신 바로 앞에 있는 사람에게 집중하는 것이 스마트한 에티켓입니다.**

당신 눈앞에, 당신 손안에 항상 스마트폰이 있나요?
눈앞에 있는 스마트폰! 종이 한 장으로 살짝 가려두는 것만으로도 불필요한 습관적 사용을 줄일 수 있습니다.

운전 중 스마트폰 사용은 절대금지입니다.

정기적으로 스마트폰 사용습관을 점검합니다.

스마트폰을 무심결에 사용하기 전에 무엇을 하려 했는지 다시 한 번 생각해 보고 사용합니다.

어플은 꼭 필요한 것만 다운로드 합니다.

채팅 · 메신저로 온 메시지, 바로바로 답장하지 않아도 됩니다.

내가 스마트폰 중독이 아닐까 의심되면 테스트를 받습니다.

스마트폰을 사용하지 않는 나만의 프리존(Free-Zone)을 만듭시다.

심화하기

인터넷 중독보다 스마트폰 중독에 더 쉽게 빠지는 이유는 무엇일까? 또한 스마트폰의 대중화가 가속화되면서 충동억제와 통제력 면에서 성인보다 취약한 청소년과 유아, 아동에게까지 스마트폰의 영향은 매우 심각하다. 스마트폰을 지나치게 많이 사용하면 어떠한 부작용을 초래할까?

① **스마트폰 불루라이트** : 밤에 자다가 스마트폰을 사용하는 것은 뇌에 태양을 들이대는 것과 같다. 스마트폰 불빛인 블루라이트는 수면유도 호르몬(멜라토닌) 분비를 억

제하여 수면장애를 유발하는 원인이기 때문이다.

② **디지털 격리 증후군** : 스마트폰으로 소통할 때는 편하지만 직접 만나서는 제대로 놀지 못하고 어색한 상태로 이어질 수 있다. 함께 있지만 각자 따로 스마트폰만 하면서 놀고 있는 모습이나 스마트폰을 손에서 놓을 수 없는 상태를 말한다.

③ **팝콘브레인** : 현실에 무감각해지고 주의력이 크게 떨어져 팝콘처럼 강한 자극에만 반응하는 것을 말한다. 스마트폰의 게임, 동영상을 자주 보는 바람에 빠르고 강한 정보에는 익숙하고 현실 세계의 느리고 약한 자극에는 반응을 안 하게 되는 뇌의 상태를 일컫는다.

④ **거북목증후군, 손목터널증후군** : 스마트폰을 장시간 사용하여 목 뒤가 찌릿찌릿해지면서 목뼈가 휘고, 손(엄지손가락과 손바닥)과 손목이 자주 저리고 통증이 심해지는 현상이다.

⑤ **SNS 피로증후군** : 페이스북, 트위터, 카카오톡 등 복수의 SNS를 사용하면서 과다한 정보 공유와 인맥 관리 분산으로 스트레스에 시달리는 사람들이 증가하면서 주목받고 있다. 관계를 맺고 있는 사람과의 정치적 이념 차이나 직장 상사와의 불편한 관계 등에서 발생하는 스트레스도 SNS 피로증후군의 사례라 할 수 있다.

SNS 시대를 맞아 확증 편향이 더욱 심화하고 있다는 분석도 있다. SNS 환경에선 '팩트(fact)'의 판단 기준이나 절차에 대한 합의가 존재하지 않아 팩트에 대한 관념이 큰 도전에 직면했기 때문이라는 게 그 이유다. 2012년 2월 발생한 '채선당 임산부 사건'은 SNS 시대의 확증 편향을 보여주는 대표적인 사례라 할 수 있다. 아직 사건의 진상이 밝혀지지 않았음에도 SNS 공간에서는 임산부가 약자라는 고정관념에 사로잡힌 수많은 사람이 임산부의 말을 팩트로 받아들여 판단을 내렸으며, 이후 사건에 대한 다각적인 정보가 밝혀진 후에도 자신의 신념과 일치하는 정보만 선별적으로 수용하는 확증 편향이 작용해 여론의 쏠림 현상을 부추겼다는 것이다.

SNS를 생각이 다른 사람이나 집단과의 소통 수단으로 활용하기보다는 생각과 행동이 비슷한 사람끼리 뭉치는 수단으로 활용하는 경향이 심화하고 있는데, 이런 흐름이 확증 편향을 부추기는 요인으로 작용하고 있다는 분석도 있다.

3. 저작권 침해와 CCL(저작권표기법)

정보화 사회가 고도화될수록 정보와 지식의 가치가 커짐으로 그것에 대한 관리의 중요성도 증대하고 있으나 표절, 불법복제 등의 지적재산권 침해가 날로 증가하고 있다. 최근 문학계뿐 아니라 패션, 음악 등 많은 분야에서 표절 논란이 불거지는 가운데, 교육기관인 대학에 만연한 표절부터 자성이 필요하다는 목소리가 나오고 있다. 2014년 한국콘텐츠학회가 발표한 '대학생들의 정보윤리 의식과 과제 표절 실태 분석' 논문에서 서울 소재 H대학 학부생 165명을 대상으로 과제 표절에 관해 설문조사한 결과 127명(77%)이 과제 표절 경험이 있는 것으로 나타났다. 오은주(2013)는 "도덕적 일탈이 쉬운 인터넷 환경뿐 아니라 표절의 심각성에 대한 교육 부재, 표절에 대한 불이익이 없는 무관심한 교수·학습 환경의 문제"라면서 "표절에 대한 교육뿐 아니라 위반시 처벌할 수 있는 제도적 장치를 마련해 표절이 범죄라는 의식을 일깨워야 한다"고 지적하였다.

3.1 저작권 침해

생각하기

에펠탑과 같은 유명 건물 앞에서 사진을 찍어 SNS에 올리면 처벌이 될까? 이렇게 공공장소에서 찍은 사진을 개인 SNS 계정에 올리거나 퍼 날랐다는 이유만으로 벌어지는 저작권 시비는 부쩍 늘어났다. EU(유럽연합위원회)는 유명 건물을 배경으로 사진을 찍어 불특정 다수에게 공개하는 SNS나 인터넷 사이트에 올리는 행위에 대해 벌금형이나 징역형에 처할 수 있는 법안을 마련 중에 있는데, 상업적인 사진작가들이 무단으로 건물이미지를 상업적으로 사용하는 행위를 막기 위해서라고 하지만 이 법안 자체가 개인의 자유를 지나치게 억압한다는 비판이 일고 있다.

다음 동영상에서 살펴본 바와 같이 일상 속에서 일어나는 저작권 침해의 사례를 찾아보고 저작권 침해의 결과가 무엇이며, 우리가 왜 저작권을 지켜야 하는지 토론해보자.

〈출처〉 공공장소에서 찍은 사진 무심코 블로그에 올렸다가…(SBS 뉴스)

우리가 자주 이용하는 음악, 영화, 사진과 같은 대부분의 창작물에는 저작권자라는 주인이 있다. 저작권자는 이러한 창작물에 대한 저작권을 가지며 저작권법에 의해 보호를 받는다. 영화와 음악은 물론 컴퓨터 프로그램도 저작권법에 의해 보호를 받는 저작물이다.

인간의 정신적인 창작 활동의 결과물에 대해 재산의 가치를 주고 이를 보호하는 것을 지식 재산권이라 하는데, 저작권(copyright)은 지식 재산권의 유형 중 하나이다. 그것은 시, 소설, 음악, 미술, 영화, 연극, 컴퓨터 프로그램 등과 같은 저작물에 관한 창작자의 권리를 말한다. 저작자는 저작권이 있기 때문에 저작물의 사용에 따른 경제적인 대가를 받으며(저작 재산권), 동시에 그 저작물이 사용되는 과정에서 저작자가 작품 속에 나타내고자 하는 창작 의도를 그대로 유지시킬 수 있다(저작 인격권).

저작자의 권리와 이에 인접하는 권리를 보호하고 저작물의 공정한 이용을 도모함으로써 문화의 향상 발전에 이바지하기 위한 목적으로 저작권법이 제정되었다.

어떤 것이 저작권법의 보호를 받을 수 있을까? 저작권법의 보호를 받기 위해서는 아이디어가 아닌 하나의 형태로 표현된 것이어야 하며, 독창성이 있어야 한다.

따라서, 저작권자가 아닌 다른 사람이 이러한 저작물을 이용할 때에는 정당한 대가를 지불하거나 저작권자로부터 허가를 받아야 한다. 정당한 방법으로 구했다 할지라도, 그 창작물을 다른 사람이 사용하도록 공유하거나 전송하는 것은 저작권을 침해하는 행위가 된다. 그뿐 아니라 인터넷에 공개된 소설, 문화, 영화, 음악, 컴퓨터 프로그램 등을 내려받아 자신이 운영하는 인터넷 사이트에 올려 두는 것도 저작권 침해에 해당된다.

보호를 받는 저작물	보호를 받지 않는 저작물
• 어문 저작물(서적, 연설문 등) • 음악 저작물(악곡, 가사 등) • 연극 저작물(연극, 무용 등) • 미술 저작물(회화, 조각 등) • 건축 저작물(건축물, 설계도 등) • 사진 저작물(독창적, 미적인 사진) • 영상 저작물(영화, TV필름 등) • 도형 저작물(지도, 모형 등) • 컴퓨터 프로그램 저작물 • 2차적 저작물(번역, 편곡 등) • 편집 저작물(백과사전, 명시선집 등)	• 헌법 · 법률 · 조약 · 명령 · 조례 및 규칙 • 국가나 지방 자치 단체의 고시 · 훈령 · 공고 등 • 법원의 판결 · 결정 · 명령 및 심판이나 행정 심판 절차, 그 밖의 이와 유사한 절차에 의한 의결 · 결정 등 • 국가 또는 지방자치단체가 작성한 것으로서 상기의 편집물 또는 번역물 • 사실의 전달에 불과한 시사 보도

그렇다면, 저작권은 왜 보호해야 할까?

사람들은 모두 눈에 보이는 물건의 값을 치르지 않거나 주인 허락 없이 마음대로 가져가는 행동은 잘못이라고 생각한다. 그러나 인터넷에서 다른 사람의 글을 복사하여 사용한다든지, 파일을 불법으로 복제하고 공유하는 행동이 잘못이라고 인식하지는 못한다. 사람들이 창작물을 만들기 위해 들인 비용과 노력을 생각하면 저작물의 권리도 보이는 재산 못지않게 소중히 보호해야 한다.

저작권을 보호해야 되는 구체적인 이유를 살펴보면, 먼저 저작권은 저작자가 창작 활동에 전념할 수 있도록 동기를 부여함으로써 궁극적으로 우리나라의 문화와 관련 산업의 발전을 꾀하는 데 있다. 이것은 나아가 세계 인류 문화유산의 축적을 가져다주기도 한다.

문화의 향상 · 발전을 위해서는 내용과 형식을 달리하는 다양한 문학 · 예술작품이 창작되고 사회 일반에 의해 폭넓게 향수되어 재창작되어야 한다. 다양한 문학 · 예술작품의 창작을 장려하기 위해서는 어떤 창작의 유인을 제공하여야 한다. 창작 활동의 주체인 창작자도 물질적 소비 생활을 해야 하는 사람이기 때문에 일정한 경제적 기초를 마련하여 경제적 부담 없이 창작 활동에 전념하게 하기 위하여 저작권을 부여하여 보호하는 것이다.

법리적 측면에서는 저작권을 보호하는 것이 헌법적 요청이기도 하다. 우리 헌법은 국민 주권의 이념, 정의 사회의 이념, 평화 추구의 이념과 함께 문화 민족의 이념을 기본

이념의 하나로 채택하고 헌법 제22조에서 '저작자, 발명가, 과학 기술자와 예술가의 권리는 법률로써 보호한다.'고 규정하고 있다. 그러므로 저작권법에 의해 저작권을 보호하는 것은 국민의 결단인 헌법적 요청의 실현이기도 하다.

이 외에도 저작권 보호의 근거를 '모든 노력에는 그에 합당한 몫을 지불하여야 한다.'는 사회 정의 실현의 측면에서 찾기도 하고, 저작물은 저작자의 인격적 산물이라는 저작물의 인격적 성격에서 찾기도 한다.

한편, 문화의 향상·발전의 핵심이 폭넓은 문화 향수에 있다고 보고 자유로운 창작물의 이용을 위하여 저작권을 공유하려는 움직임도 있다. 이러한 움직임을 소위 '카피레프트(copyleft) 주의'라고 한다. 저작물의 자유로운 향수가 중요한 것도 사실이고, 저작권자가 자발적으로 자신의 권리의 일부를 제한하는 것도 바람직하고 정책적으로 지원할 만한 일이지만 항상 저작권의 보호가 바탕이 되어야 한다는 것을 유념할 필요가 있다.

Tip ▶▶▶ 소프트웨어 라이선스와 자가진단 프로그램

소프트웨어 라이선스는 저작권자로부터 일정한 범위와 조건 안에서 소프트웨어를 사용할 수 있도록 허락받는 것으로 크게 4가지로 분류할 수 있다.

구분	내용
상용 소프트웨어	판매를 목적으로 제작되어 사용자가 비용을 지불하고 사용해야 함
셰어웨어	체험판 또는 평가판. 홍보를 위해 일정 기간 동안 사용해보고 그 후에는 비용을 지불해야 함
프리웨어	무료로 사용할 수 있음. 단, 개인 또는 기관용 프리웨어인지 확인 절차가 필요함
공개 소프트웨어	무료일 뿐만 아니라 코드까지 제공하여 누구나 수정하여 재배포할 수 있음

소프트웨어 자가진단 프로그램 소개

한국 소프트웨어 저작권협회 홈페이지(www.spc.or.kr)에 방문하면 자신의 컴퓨터에 설치되어 있는 소프트웨어를 온라인상에서 진단할 수 있다. 불법 복제된 소프트웨어의 사용 여부를 알려주는 무료 검색 서비스를 제공한다.

〈출처〉 소프트웨어 자가진단 프로그램 'Click 서비스' www.spc.or.kr/sam/sam06_01.asp

3.2 CCL(저작권표기법) 4)

타인의 저작물을 이용하려고 하는 경우 먼저 보호받는 저작물인지, 저작권자는 누구인지 확인을 거쳐야 한다. 저작권자가 있다면 반드시 허락을 받거나 합법적인 비용을 치르고 이용해야 한다. 허가를 받기 위해서는 다음과 같은 방법이 있다.

1. 직접 저작권자에게 이용 허락 또는 저작권 넘겨받기
2. 저작권자를 알 수 없을 때 한국저작권위원회에 승인 받기
3. 저작권위탁관리업체(한국음악저작권협회, 한국방송작가협회 등을 통해 허가 받기

특히 인터넷에서 저작물을 이용하고자 할 때는 굿 다운로더 등과 같은 합법적인 경로를 이용하는 것이 좋으며, 저작물에 CCL 표기가 있는 경우는 그에 맞는 규칙을 반드시 지킨다.

저작권의 보호 기간이 만료된 저작물의 경우는 제한 없이 이용할 수 있다.

CCL(Creative Commons License)은 저작권자가 자신의 저작물에 대한 이용방법과 조건을 표기하는 일종의 표준약관이자 저작물 이용 허락 표시를 말한다. 저작권법 제42조에 따

4) 〈출처〉 CC korea 홈페이지(www.cckorea.org/xe/ccl) 참고

르면 지적재산권자는 다른 사람에게 그 저작물의 이용을 허락할 수 있고, 이용 허락을 받은 자는 허락받은 이용방법과 조건의 범위에서 저작물을 이용할 수 있다고 명시하고 있다. 저작권 표시 유형에는 크게 저작자 표시(Attribution), 비영리(Noncommercial), 변경금지(No Derivative), 동일조건변경허락(Share Alike) 등 네 가지가 있다.

Attribution (저작자 표시)
저작자의 이름, 출처 등 저작자를 반드시 표시 해야 한다는, 라이선스에 반드시 포함하는 필수조항입니다.

Noncommercial (비영리)
저작물을 영리 목적으로 이용할 수 없습니다. 영리목적의 이용을 위해서는, 별도의 계약이 필요하다는 의미입니다.

No Derivative Works (변경금지)
저작물을 변경하거나 저작물을 이용한 2차적 저작물 제작을 금지한다는 의미입니다.

Share Alike (동일조건변경허락)
2차적 저작물 제작을 허용하되, 2차적 저작물에 원 저작물과 동일한 라이선스를 적용해야 한다는 의미입니다.

▲ CCL 표시 조건

CCL에 사용되는 조건은 중복해서 사용할 수 있다. 구체적인 표기 사례와 그 의미를 살펴보면 다음과 같다.

라이선스	이용조건	문자표기
	저작자표시 저작자의 이름, 저작물의 제목, 출처 등 저작자에 관한 표시를 해주어야 합니다.	CC BY
	저작자표시-비영리 저작자를 밝히면 자유로운 이용이 가능하지만 영리목적으로 이용할 수 없습니다.	CC BY-NC
	저작자표시-변경금지 저작자를 밝히면 자유로운 이용이 가능하지만, 변경 없이 그대로 이용해야 합니다.	CC BY-ND
	저작자표시-동일조건변경허락 저작자를 밝히면 자유로운 이용이 가능하고 저작물의 변경도 가능하지만, 2차적 저작물에는 원 저작물에 적용된 것과 동일한 라이선스를 적용해야 합니다.	
	저작자표시-비영리-동일조건변경허락 저작자를 밝히면 이용이 가능하며 저작물의 변경도 가능하지만, 영리목적으로 이용할 수 없고 2차적 저작물에는 원 저작물과 동일한 라이선스를 적용해야 합니다.	CC BY-NC-SA
	저작자표시-비영리-변경금지 저작자를 밝히면 자유로운 이용이 가능하지만, 영리목적으로 이용할 수 없고 변경 없이 그대로 이용해야 합니다.	CC BY-NC-ND

▲ CCL 라이선스 설명

다양한 콘텐츠 유형에 따른 저작권 표시방법을 살펴보면, 먼저 사진, 이미지는 이미지 영역 안에 CCL에 대한 내용을 포함하거나 테두리 또는 하단에 별도로 표기하면 된다. 이미지를 여러 개 함께 사용했을 경우에는 적절한 곳에 한 번에 명시하면 된다. 단, 이미지마다 표시될 내용이 다를 경우 어느 이미지에 대한 것인지를 나타내 주어야 한다.

▲ 사진, 이미지의 CCL 표기 예시

동영상 또는 음원의 경우에는 저작물의 처음이나 마지막에 CCL에 대한 내용을 삽입한다. 웹페이지에 업로드되어 있을 때에는 그 파일명 근처에 표시하면 된다. 그리고, 여러 개의 동영상 콘텐츠를 참고했다면, 논문의 참고문헌처럼 출처(URL 주소) 리스트를 마지막 동영상 화면에 제시해주면 된다.

▲ 동영상의 CCL 표기 예시

책이나 오프라인 매체에서 유통되는 저작물에도 CCL을 적용할 수 있다. 책의 앞/뒷면, CD나 DVD 등 오프라인 매체의 눈에 잘 띄는 적당한 위치에 CCL에 대한 내용을 표시하기만 하면 된다.

Copyright © 2009 by CC Korea
Some Rights Reserved
이 책의 내용은 크리에이티브 커먼즈 저작자표시 2.0 대한민국 라이선스에 따라 이용하실 수 있습니다.

http://creativecommons.org/licenses/by/2.0/kr/

본 브로셔 저작물은 크리에이티브 커먼즈 저작자표시 2.0 대한민국 라이선스에 따라 이용할 수 있습니다.

http://creativecommons.org/licenses/by/2.0/kr/

▲ 인쇄, 출판물의 CCL 표기 예시

적용하기

최근 채용관련 지원방법으로 입사지원서와 자기소개서를 온라인으로 제출하는 곳이 부쩍 늘었다. 디지털 문서로 작성된 지원 서류에 나의 서명을 표시하고 타인에 의해 수정되지 않도록 문서 내용을 보호하는 방법에는 어떤 것이 있을까? 다음과 같은 과정으로 디지털 서명파일과 PDF 문서를 만들어볼 수 있다.

(1) **디지털 서명 만들기**

① 빈 종이에 '본인의 이름'을 쓰고, 스마트폰으로 촬영해서 저장한 후 내PC에서 사진을 열기한다.

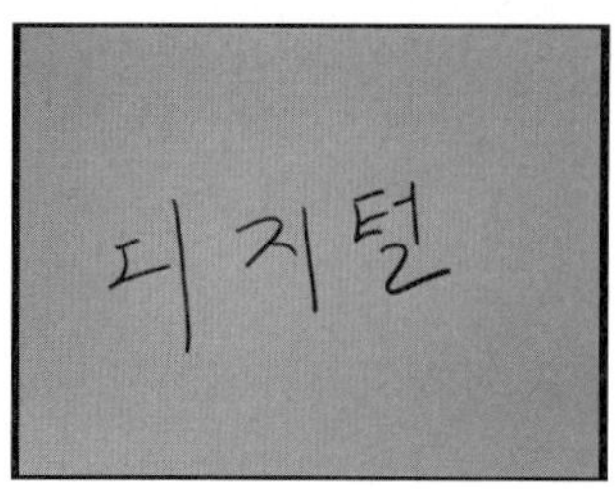

② 네이버 포털 사이트에서 “Paint.net”을 검색하고 다운로드받아 설치한다.

③ [파일]-[열기]를 선택하여 디지털 서명을 찍은 사진(*.jpg) 파일을 불러온다.

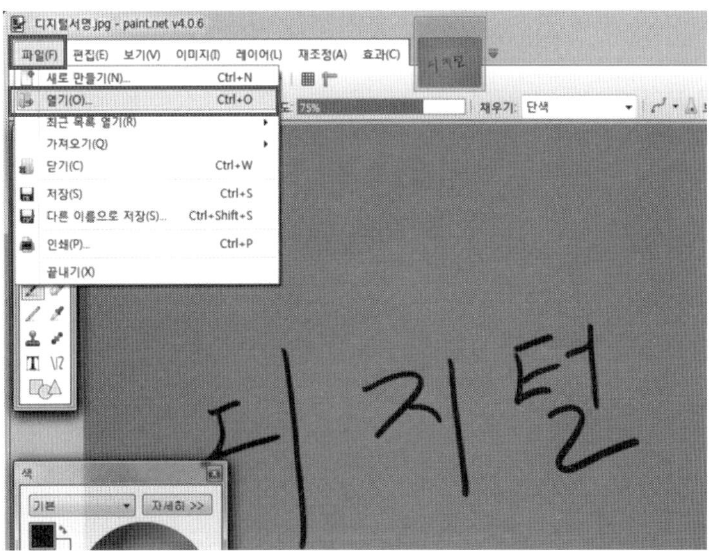

④ 마술봉툴을 이용하여 바탕여역(흰색)을 삭제한다. 격자무늬는 투명한 영역을 의미한다.

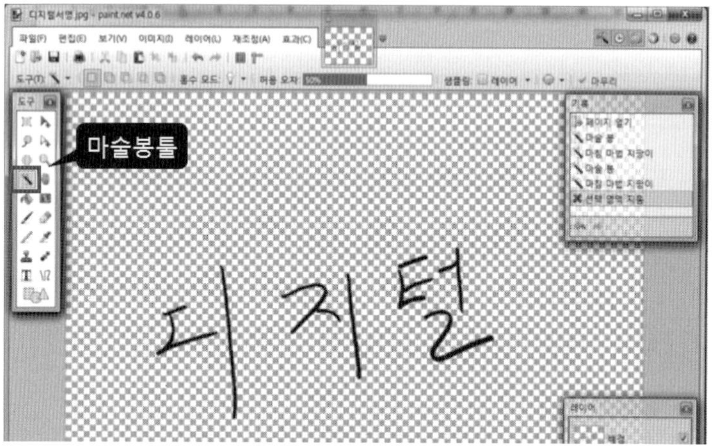

⑤ [파일]-[다른 이름으로 저장]을 클릭하여 파일형식을 반드시 *.png로 설정한다.

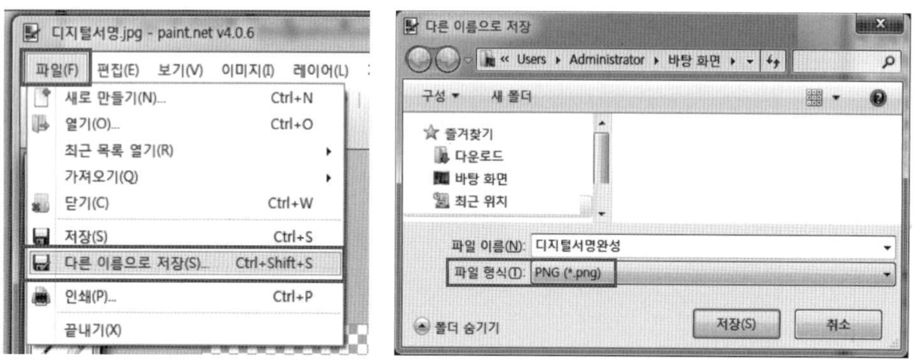

⑥ 한글프로그램에서, [입력]-[그림]을 선택하여 png 파일을 삽입하고, 개체 속성에서 그림의 위치를 '글 앞으로' 설정한다.

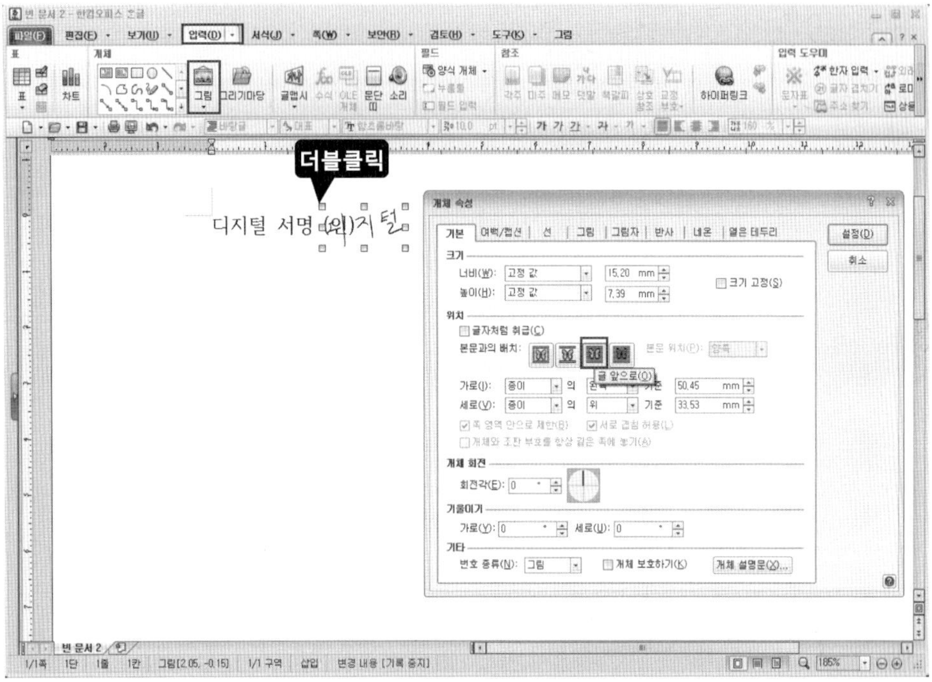

(2) 디지털 문서 보안 저장하기

① 한글문서에서 [쪽]-[바탕쪽]메뉴로 들어간 후 [바탕쪽]-[그림]으로 회사 로고나 회사명의 텍스트 등과 같은 내용을 디지털 워터마크로 삽입할 수 있다. 예를 들면, 졸업증명서에 학교 로고가 표시되는 경우가 그러하다.

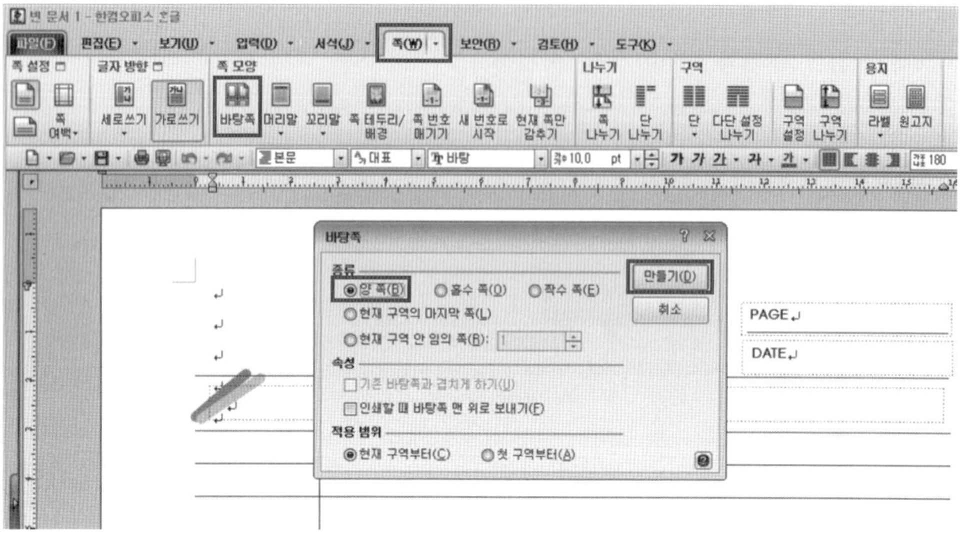

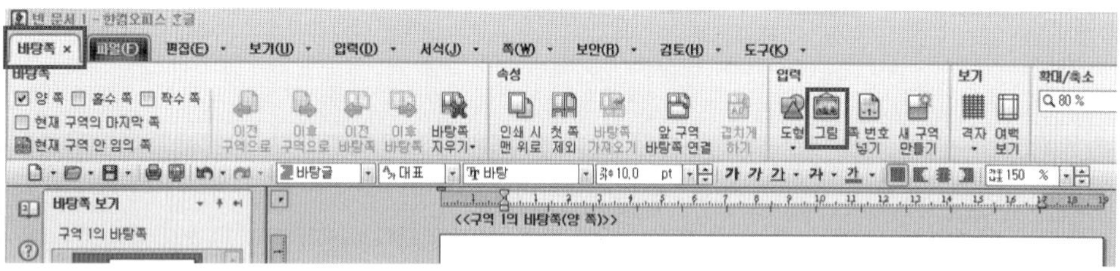

② 한글문서에서 [보안]–[배포용 문서]–[저장]메뉴를 클릭하면 문서를 열람은 가능하지만, 인쇄나 복사하기를 제한할 수 있다. 이력서와 자기소개서 같은 개인정보 문서를 이메일로 보내는 경우 이러한 방법을 이용할 수 있다.

③ 파워포인트 문서를 PDF로 만들기 위해서는 먼저 파워포인트 프로그램에서 [파일]-[다른 이름으로 저장]메뉴를 클릭하여 jpg 파일형식으로 저장한다.

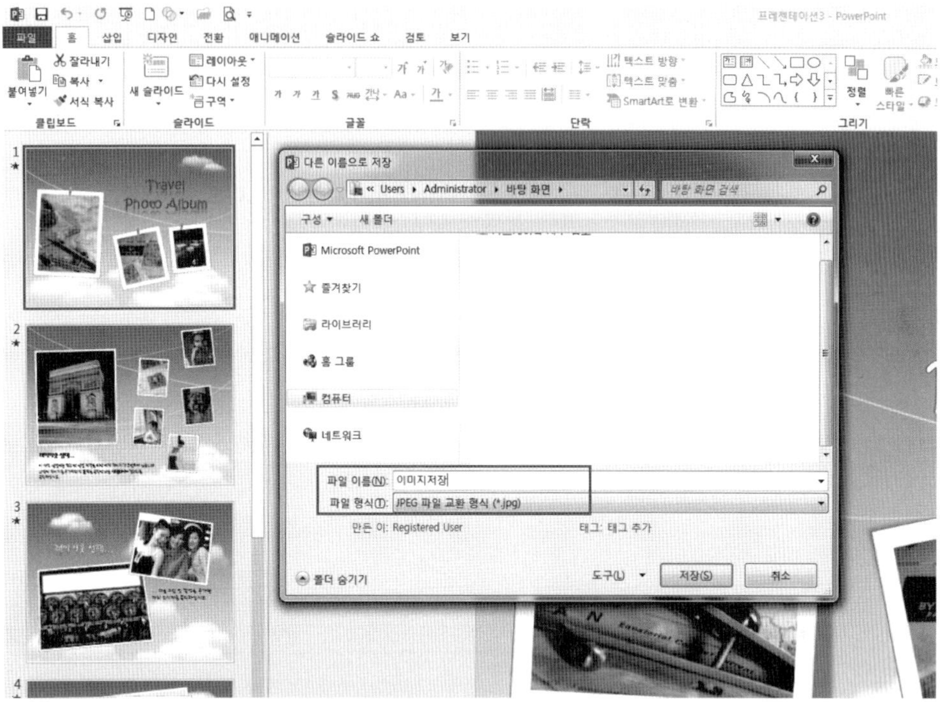

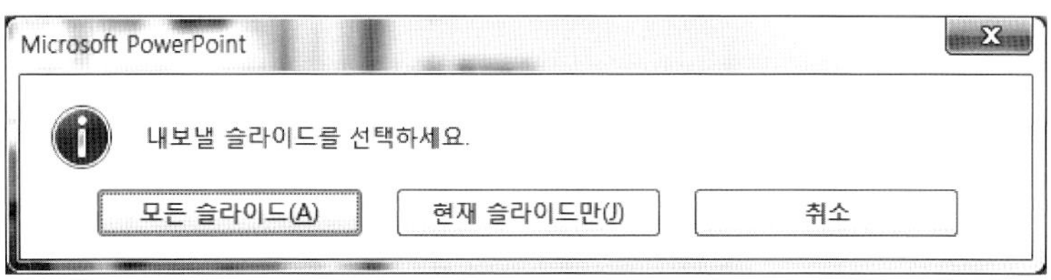

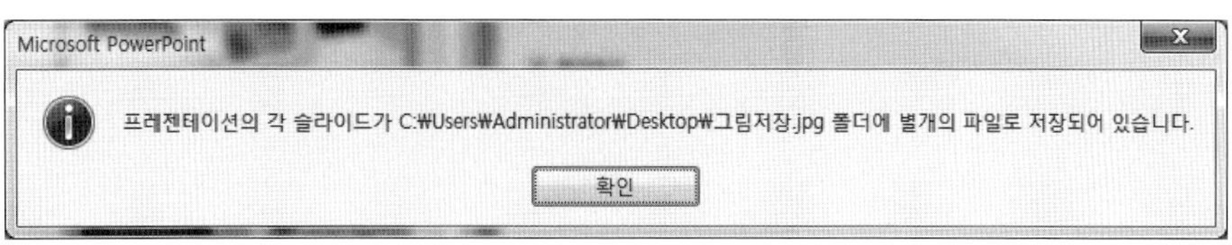

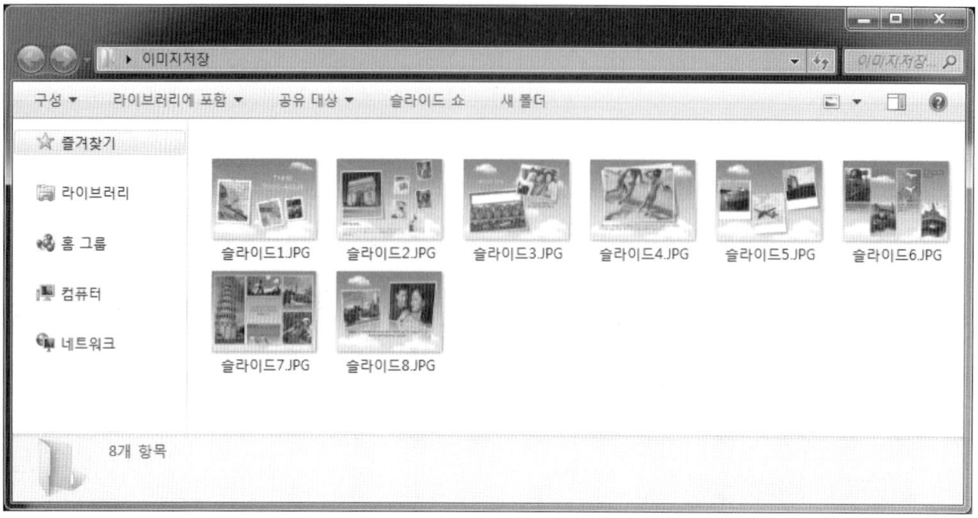

④ 그런 다음, smallpdf 사이트(www.smallpdf.com)에서 [JPG PDF 변환] 메뉴를 통해 PDF 파일을 완성한다.

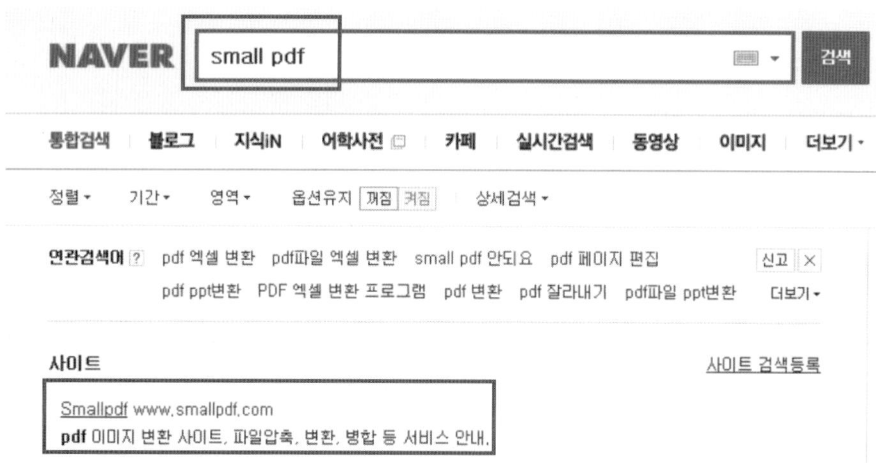

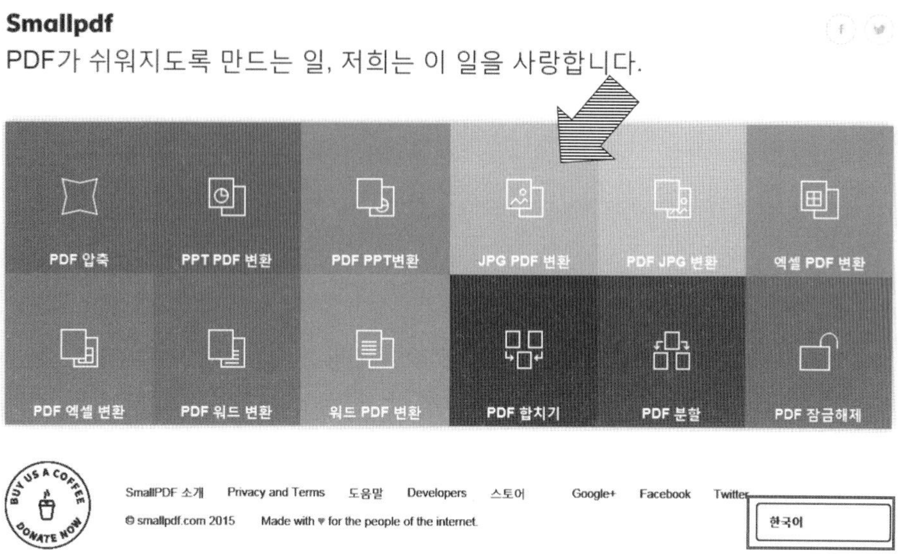
Smallpdf
PDF가 쉬워지도록 만드는 일, 저희는 이 일을 사랑합니다.
PDF 압축
PPT PDF 변환
PDF PPT변환
JPG PDF 변환
PDF JPG 변환
엑셀 PDF 변환
PDF 엑셀 변환
PDF 워드 변환
워드 PDF 변환
PDF 합치기
PDF 분할
PDF 잠금해제
BUY US A COFFEE
DONATE NOW
SmallPDF 소개
Privacy and Terms
도움말
Developers
스토어
Google+
Facebook
Twitter
© smallpdf.com 2015
Made with ♥ for the people of the internet.
한국어

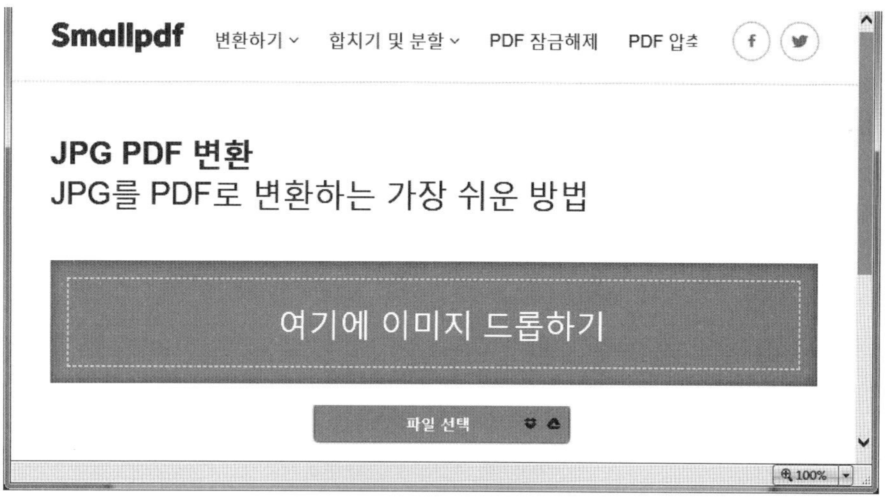
Smallpdf
변환하기
합치기 및 분할
PDF 잠금해제
PDF 압축
JPG PDF 변환
JPG를 PDF로 변환하는 가장 쉬운 방법
여기에 이미지 드롭하기
파일 선택
100%

4. 개인정보 침해와 대응방안

생각하기

〈출처〉 SBS스페셜 '나를 잊어주세요 – 모든 것을 기억하는 사회'

잊혀질 권리란 개인이 온라인 사이트에 올라 있는 자신과 관련된 각종 정보의 삭제를 요구할 수 있는 권리다. 인터넷 검색을 통해 볼 수 있는 개인 신상정보, 사망한 뒤 페이스북에 남아 있는 사적인 사진 등의 정보는 개인의 것이지만 정보의 삭제 권한은 기업에 있다. 최근 유럽에서는 이러한 온라인상의 정보를 삭제 요구할 수 있는 잊혀질 권리에 대한 논란이 뜨겁다.

유럽연합(EU)은 2012년 1월 25일 유럽연합 집행위원회가 인터넷에서 정보 주체의 권리를 강화하기 위해 잊혀질 권리를 명문화하는 내용을 골자로 한 정보보호법(data protection) 개정안을 확정했다. 1995년 정보보호 방침을 제정한 이후 16년 만으로, 세계적으로 잊혀질 권리가 입법화된 것은 이번이 처음이다. EU 집행위원회는 이번 개정안을 개인 및 법인을 포함한 EU 전체 회원국에 직접 적용시키는 최고 수준의 규범인 '규정(regulation)' 수준으로 격상해 법적 구속력을 강화했다. 기존 법규는 권고 수준의 구속력을 갖는 '지침(directive)'이었다.

전 세계적으로 잊혀질 권리가 중요한 이슈가 되고 있는 가운데 러시아는 2016년부터 인터넷상에 검색되는 개인정보 삭제를 요청할 수 있는 '잊혀질 권리(right to be forgotten)' 법안을 시행한다. 이 법안은 정부나 지역 당국을 지원하는 검색 엔진들에 대해서는 적용되지 않는다. 또한 범죄 기록 삭제나 수정에 관한 요청을 비롯해 공무원이 개인 수익과 재산 내역에 대한 정보를 지우는 행위도 금지된다.

검색 엔진들은 고객의 요청에 따라 검색 결과로 나타나는 정보를 삭제해야 하지만 웹상에 남은 검색되지 않는 정보를 제거할 의무는 없다. 부모가 자녀에 관한 부적절한 정보를 없애 달라고 요청하는 것 외에 모든 삭제 요청은 본인이 직접 해야 한다. 개인정보 삭제 요청이 접수되면 검색 엔진은 3~10일 안에 삭제 작업을 진행해야 한다. 검색 엔진이 삭제를 거부할 경우 법적 절차를 밟을 수 있다.

4.1 개인정보 침해

개인정보란 생존하는 개인에 관한 정보로서 정보에 포함되어 있는 성명, 주민등록번호 등의 사항에 의하여 개인을 식별할 수 있는 정보를 말한다. 또한, 해당 정보만으로는 특정 개인을 식별할 수 없더라도 다른 정보와 용이하게 결합하여 식별할 수 있는 것들도 모두 포함하여 개인정보라고 한다.

개인정보는 정보사회에서 개인을 확인하기 위한 필수 요소이며, 온라인 교육, 고객 관리, 금융 거래, 쇼핑 등에서 다양한 서비스를 제공하기 위해 개인정보를 수집하는 등, 이용 범위가 확대되고 있다.

▲ 일상 속 개인정보의 예

인터넷 이용 범위가 확대됨에 따라 개인정보도 다양한 형태로 노출되고 있다. 특히 기업의 판매·홍보 전략이 온라인으로 바뀌면서 개인정보가 수익을 얻기 위한 수단으로 쓰이고 있다. 개인정보의 불법적 거래, 웹 사이트의 취약점을 이용한 악성 코드 유포, 해킹 등 불법적 방법이 성행하고 있는 것이다. 개인정보를 나쁜 목적으로 사용하는 것은 개인과 사회의 안전과 재산에 막대한 피해를 주는 심각한 범죄이다.

4.2 개인정보 침해 대응방안

최근 주요 포털 사이트나 쇼핑몰 등에서 심각한 개인정보 유출 사고가 빈번하게 일어나고 있다. 불법적으로 유출된 개인정보는 개인의 정신적·경제적 피해는 물론이며, 사회를 혼란스럽게 한다. 따라서 개인정보 보호 문제는 개인적인 예방뿐만 아니라 국가·사회의 제도적·기술적인 예방책을 마련해야 한다.

인터넷 서비스를 이용할 때는 자신의 개인정보가 노출되지 않도록 주의해야 하며, 개인정보가 노출되었을 경우 즉시 신고하거나 사이트 담당자에게 알려 더 큰 피해를 예방해야 한다.

개인정보에 대한 보안이나 유출을 방지하기 위한 여러 가지 방법이 있을 수 있다.

① 회원 가입 시 이용 약관을 읽어라!
이용 약관에 기재된 항목 중 개인정보 보호와 이용자 권리에 대한 조항은 유심히 읽어야 하며, 혹 3자에게 정보를 제공할 수 있다고 명시된 부분이 있는지 재확인해야 한다.

② 이용 목적에 부합하는 정보를 요구하는지 확인하라!
정보를 수집할 때에는 수집 및 이용목적을 제시해야 한다. 특별한 설명 없이 학력, 결혼여부, 월급, 자동차 소유 여부 등을 요구한다면 가입여부를 재고해봐야 한다.

③ 비밀번호는 정기적으로 교체하라!
평상시 비밀번호는 주기적으로 바꾸는 것이 좋다. 대부분의 경우 동일한 ID와 비밀번호를 몇 년씩 사용하는 경우가 많은데 이럴수록 비밀번호와 ID가 노출되기 쉽다.

④ 정체불명의 사이트는 멀리하라!

수많은 사이트에서 경품 이벤트를 통해 회원가입을 권유하고 있다. 정체가 불분명한 사이트에서 지나치게 개인정보를 입력하면 가입여부를 다시 한 번 생각해보는 것이 좋다.

⑤ 가입 해지 시 정보 파기 여부를 확인하라!

가입만 해지해선 소용이 없다. 개인정보도 탈퇴 즉시 해지하는지 여부를 확인하자. 일부 사이트는 해지 후에도 몇 개월간 개인정보를 파기하지 않는다는 조항이 있다.

⑥ 뻔한 비밀번호를 쓰지 말라!

생년월일이나 전화번호 등 남들이 쉽게 유추할 수 있는 비밀번호는 자제해야 한다. 또한 동일한 번호를 연속적으로 사용하는 것도 바람직하지 않다.

또한, 계정/아이디 도용을 예방하는 방법에는 8가지가 있다.

① 자신의 아이디와 비밀번호는 다른 사람에게 알려주지 않는다.
② 인터넷 사이트에의 무분별한 회원가입은 자제한다.
③ 회원 가입 시 구체적인 개인정보를 요구할 경우 가입여부를 다시 한 번 생각한다.
④ 인터넷 회원 가입 시 서비스 약관에 제3자에게 정보를 제공할 수 있다는 조항이 있는지 확인한다.
⑤ 탈퇴가 어렵거나, 탈퇴 절차에 대한 설명이 없는 곳은 가입하지 않는다.
⑥ 탈퇴 신청을 한 뒤 개인정보를 파기했는지 확인한다.
⑦ 비밀번호를 주기적으로 변경하고 전화번호나 생일, 연속된 숫자 등을 사용하지 말아야 한다.
⑧ 함께 사용하는 PC는 아이디, 비밀번호 등 개인정보 입력 시 자동완성 기능을 사용하지 않는다.

적용하기

행정자치부와 한국인터넷진흥원이 운영하는 주민등록번호 클린센터(www.myprivacy.go.kr)에서 주민등록번호를 이용하여 회원 가입한 사이트의 내용을 한 번에 확인할 수 있다. 웹 사이트 초기 화면에서 [주민등록번호 이용내역확인] 버튼을 클릭하여 본인 확인 인증 절차를 거친 후 가입 내역을 조회하면 된다.

〈출처〉 주민등록번호 클린센터(www.myprivacy.go.kr)

1. 주민등록번호를 사용하여 가입한 경우는 총 몇 건인가? (　　　)건

2. 가입을 유지해야 할 사이트와 그렇지 않은 사이트를 구분하여 정리해보자.

가입 유지 사이트	탈퇴 희망 사이트

3. 탈퇴 희망 사이트를 방문하여 회원 탈퇴 절차를 진행해 보자.

Tip ▶▶▶ 인터넷상의 개인정보 보호 관리방법

(1) 내 컴퓨터의 웹브라우저에서 접속한 방문기록, 다운로드기록, 로그인 암호와 양식데이터 등을 삭제해보자.

① 도구 모음에서 [도구]-[인터넷 옵션] 메뉴를 선택한다.

② [인터넷 옵션] 대화 상자가 나타나면 [내용]탭-[자동 완성] 항목-[설정] 버튼을 순서대로 누른다.

③ [자동 완성 설정] 대화 상자가 나타나면 [양식에 사용할 사용자 이름과 암호] 항목의 체크를 해제한 후 [자동 완성 기록 삭제] 버튼을 누른다.

④ [검색 기록 삭제] 대화 상자가 나타나면 모든 항목을 선택한 후 [삭제] 버튼을 눌러 검색 기록을 삭제한다.

⑤ [자동 완성 설정] 대화 상자의 [확인] 버튼을 누른다.

⑥ [인터넷 옵션] 대화 상자의 [확인] 버튼을 누른 후 결과를 살펴본다.

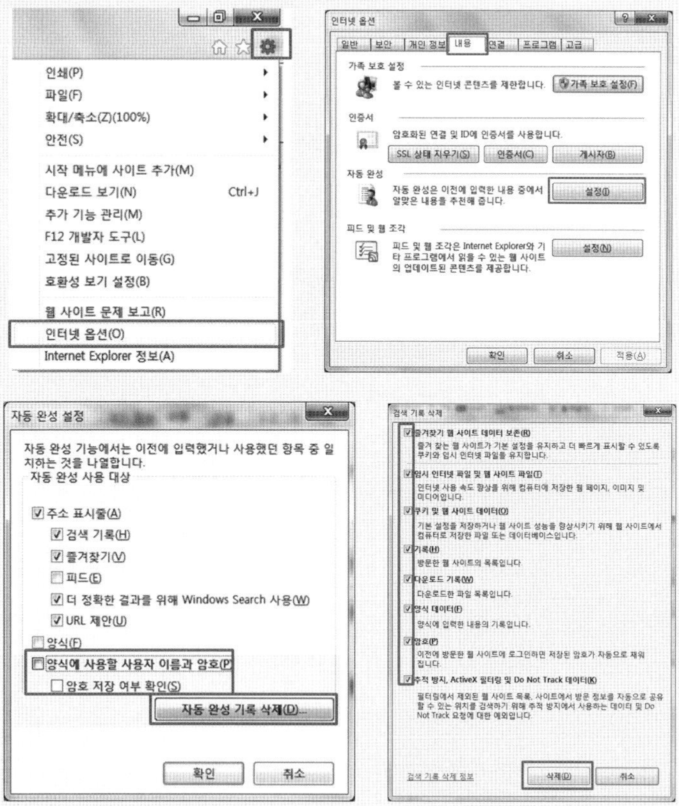

▲ PC의 익스플로러 웹브라우저의 개인정보 삭제 화면 예

(2) 스마트폰에서도 [설정]-[인터넷 앱]-[고급]메뉴로 들어가서 방문기록, 캐시, 쿠키 및 사이트 데이터, 비밀번호, 자동 완성 데이터, 위치정보 사용 등을 삭제해보자. 스마트 기기의 종류에 따라 메뉴명이나 경로는 다를 수 있다.

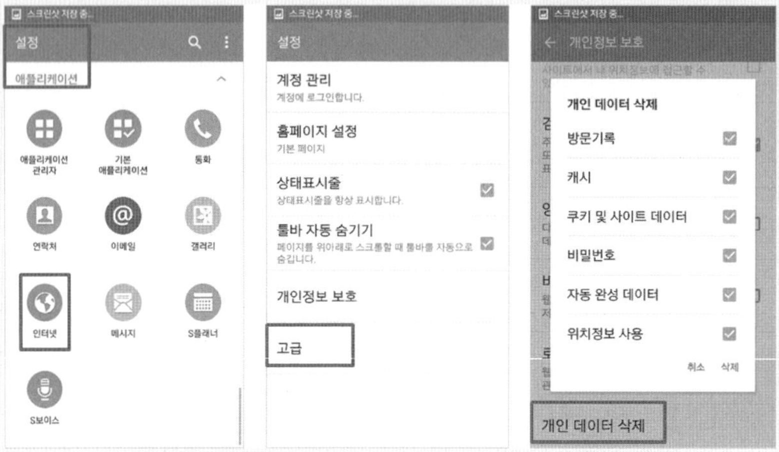

▲ 삼성 스마트폰에서의 개인정보 삭제 화면 예

심화하기

디지털 자산도 상속될까요?

자산가치 존중 VS 망자의 사생활보호

가정에서부터 학교, 직장까지 스마트 기기를 필수로 사용하는 디지털 시대는 생활의 편리함을 가져다주었지만, 새로운 고민을 낳고 있다. 그것은 바로 디지털 유산인데 노년층의 인터넷 사용률 증가, SNS의 대중화 등으로 디지털 유산에 대한 사회적 관심이 확대되고 있다. 디지털 유산이란 죽은 사람이 온라인에 남긴 디지털 콘텐츠를 말한다. 예를 들어 미니홈피나 블로그에 올린 게시글, 사진, 동영상이나 온라인 게임에서 가지고 있는 사이버머니, 게임 아이템도 디지털 유산에 포함이 된다. 디지털 유산 상속을 법으로 보장하고 있는 나라도 있는데, 독일이 그런 경우다. 미국에서는 코네티컷주, 로드아

일랜드주, 인디애나주, 오클라호마주, 아이다호주, 버지니아주 등 6개 주가 디지털 유산 상속을 법으로 보장하고 있으며, 이외에도 많은 주에서 입법화 과정에 있다.

우리나라에서는 2010년 천안함 침몰 당시 희생된 장병의 유족이 희생 장병의 미니홈피와 이메일에 접근할 수 있도록 요청하면서 주목받았다. 당시 디지털 유산에 대한 법률이 없어 유족들의 요청은 받아들여지지 않았다. 현재 정보통신망법, 개인정보보호법으로는 죽은 후 당사자가 아니면 온라인에서의 권리를 행사할 수 없다. 그래서 국내의 포털사이트들은 디지털 유산에 대한 각기 다른 규정을 가지고 처리하고 있다.

그렇다면, 구글의 '휴면계정 관리자' 서비스는 어떤 것일까?

포털사이트 구글에서는 디지털 유산을 처리하는 데 도움을 주는 서비스를 시작했다. 바로 '휴면계정 관리자' 서비스인데, 2013년 4월부터 시작된 이 서비스는 구글 계정 사용자가 일정기간동안 접속하지 않으면 사망에 이르렀다고 판단하고, 사용자가 미리 지정한 사람에게 데이터를 상속하거나 완전히 삭제할 수 있도록 권리를 주는 것을 말한다. 휴면계정 관리자 서비스를 통해 휴면계정으로 전환되는 기간을 사용자가 직접 설정할 수 있으며 관리자 지정을 열 명까지 할 수 있다. 또 만약을 위해 설정 기간이 다 되도록 접속하지 않으면 먼저 사용자에게 사실을 알리고, 이후에도 접속 기록이 없다면 사전 지정자에게 연락하게 된다. 지정된 사람에게 데이터 공유가 완료되면 지정자는 휴면계정의 삭제를 설정할 수 있다. 이처럼 디지털 유산의 처리에 대한 업계와 이용자의 관심이 높아지면서 다양한 서비스가 생겨나고 있다.

페이스북의 디지털 유산과 관련된 서비스인 기념계정 관리자 서비스도 국내에 도입이 된다. 기념계정 관리자 서비스란 사용자의 페이스북 계정이 기념계정으로 설정된 후 사용자가 계정을 관리하도록 지정한 사람이 기념계정을 관리하는 서비스를 말한다. 기념계정 관리자 서비스 역시 SNS 내에 있는 디지털 유산을 처리하는 데 도움을 주는 서비스다. 기념계정 관리자는 사망한 이용자의 페이스북을 관리할 수 있는데, 새로운 친구의 요청에 응답하고, 프로필사진, 커버사진 변경이 가능하며 프로필에 상단 고정 게시물 작성이 가능하다. 하지만 기념계정 관리자는 기념계정에 직접 로그인하거나, 지난 게시물 수정·삭제, 사망한 사용자가 친구에게 보낸 메시지 읽기, 친구 삭제는 불가능하다. 페이스북은 앞으로도 사용자들의 의견을 받아 기념계정 관리자 서비스에 대한 기능을 추가할 예정이다.

디지털 유산에 대한 유족의 상속 권리가 관심을 받고 있다. 더불어 고인의 잊힐 권리도 함께 주장되고 있는데 사망자의 프라이버시와 사망 후 잊히고 싶은 의사를 존중하자는 의미다. 디지털 유산 상속 권리와 잊힐 권리, 그것과 관련된 고인의 의사와 유족의 의사를 모두 존중할 수 있는 디지털 유산의 법 제정과 관련하여 의견을 나누어보자.

- 디지털 유산의 유형과 그 범위는 어디까지인가?
- 디지털 유산의 처리방안과 문제점은 무엇인가?

〈출처〉 잊혀질 권리, 디지털 유산의 모든 것! http://blog.naver.com/swc1969/220484156309

5. 사이버 범죄와 대응방안[5)]

사이버 범죄란 인터넷과 같은 정보 통신망으로 연결된 컴퓨터 시스템이나 이들을 매개로 한 사이버 공간을 이용하여 공공복리를 저해하고, 건전한 사이버 문화에 해를 끼치는 행위다. 이것은 현실 공간 속에서는 일어날 수 없는 사이버 공간이라는 기술적 특성을 배경으로 하기 때문에 전문적 지식이 없는 일반인들이나 청소년들이 쉽게 저지를 수 있는 유형의 범죄라고 할 수 있다.

오늘날 사이버 범죄는 여러 가지 특성을 보여주고 있는데 우선, 비대면성 또는 익명성이다. 사이버 공간은 인터넷을 매개로 하여 형성되는 생활공간으로서 범죄자가 상대방에게 자신의 얼굴과 정체를 노출시키지 않고 대화나 행동을 하면서 많은 피해를 입힐 수 있다는 점이다.

둘째, 자율성이다. 사이버 공간에서는 접근 가능한 누구나 자신의 목적이나 의도를 달성하기 위해 자신의 사상, 생각, 견해 등을 유포할 수 있다. 따라서 자율성은 사이버 공간의 가장 강력한 도덕적 원리로서, 오프라인에서의 일방향적인 소통방식과 통제기구 및 규범으로부터 벗어나 자율적인 개인들이 스스로 표현의 자유를 만끽할 수 있는 원리인 것이다.

셋째, 개방성이다. 혹자는 사이버 공간을 '무정부주의'라 칭하기도 한다. 사이버 공간은 누구에게나 개방되어 운영될 수 있는 것이다. 누구를 막론하고 어느 공간이나 시간을

5) 〈출처〉 경찰청 사이버안전국 홈페이지(cyberbureau.police.go.kr) 참고

초월하여 무한정의 문제들을 야기시킬 수 있다.

넷째, 시공간적 초월성, 탈공간적 구속성이다. 사이버 공간에서의 삶은 시간과 공간의 개념을 무색하게 만든다. 즉, 이러한 요인들로 인해 일련의 바이러스 유포 사건(예컨대, 멜리사, CIH, 러브바이러스, 웜바이러스, 트로이 목마 등)과 같이 범죄자는 인터넷이 연결된 곳이면 세계 어느 곳에 있는 컴퓨터에라도 바이러스를 유포할 수 있고 해킹도 할 수 있다.

다섯째, 즉시성과 비물질성이다. 사이버 공간상의 특성상 컴퓨터를 통해 언제 어디서든지 아무에게 엄청난 용량의 정보를 보내기도 하고 문제점을 야기시킬 수 있는 위험한 존재다. 그리고 이는 비물질적인데 정보나 명예, 게임 아이템, 사이버머니 등과 같은 가상의 것들이 범죄를 일으키고 있다.

경찰청은 사이버 테러형 범죄와 일반 사이버 범죄로 구분하고 있는데 사이버 테러형 범죄는 해킹으로서 단순침입, 사용자 도용, 파일 등 삭제변경, 자료유출, 폭탄 스팸메일, 서비스 거부공격 등이 있고 또 하나는 악성프로그램으로서 바이러스 등을 말한다. 이에 반해 일반 사이버 범죄는 사기(전자상거래 사기, 게임사기), 불법복제(음란물 불법복제, 프로그램 불법복제), 불법 사이트(도박 사이트, 음란 사이트 등), 사이버 명예훼손, 개인정보 침해, 사이버 성폭력, 사이버 협박, 공갈 등을 의미한다.

사이버 범죄의 유형과 세부 종류를 살펴보면 다음 그림과 같다.

〈출처〉 경찰청 사이버안전국

생각하기

PC가 해커들의 공격을 받는 것처럼 스마트폰 역시 각종 해킹 위험에 노출되어 있다. 특히 스마트폰 해킹의 대표적인 사례로 '스미싱'은 무료쿠폰, 돌잔치 초대장, 모바일 청첩장 등의 문자 메시지에 있는 인터넷 주소를 클릭하면 악성코드가 설치되어, 피해자가 모르는 사이에 소액결제 피해가 발생하거나 개인의 금융정보를 탈취하는 방법이다. 스미싱 문자로부터의 피해를 예방하는 방법에는 어떤 것들이 있을까?

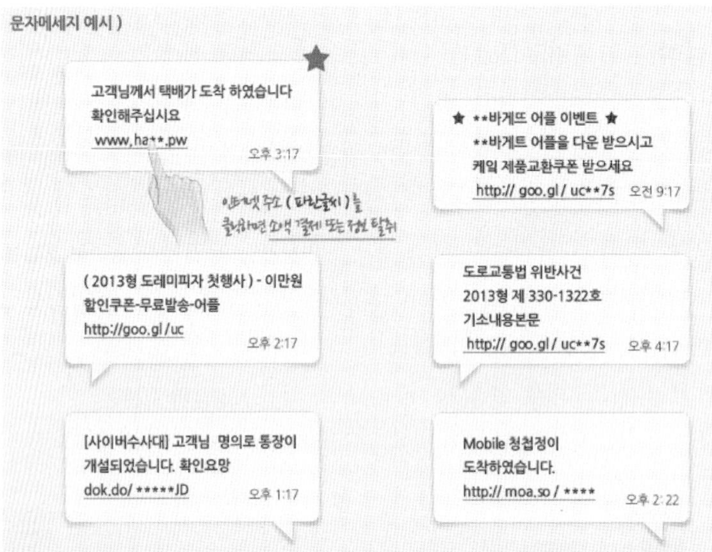

일반적인 범죄와 마찬가지로 사이버 범죄 역시 예방이 중요하다. e-메일을 사용할 때나 온라인으로 금융 거래를 할 때 또는 인터넷에서 쇼핑을 할 때 등 생활 속에서 사이버 범죄를 예방하는 방법을 알아두고, 개인정보를 보호하기 위해 아이디와 비밀번호를 잘 관리하는 습관을 가져야 한다. 또한 사용하고 있는 정보 기기가 악성 프로그램에 감염되지 않도록 백신·보안 관련 프로그램을 설치하는 등 주의를 기울여야 한다. 특히 사이버 범죄는 그 수법이 새롭게 변형되어 나타나는 경우가 많으므로 최근에 어떤 사이버 범죄가 발생했었는지 사례를 알아두는 것도 좋은 방법이다.

사이버 범죄는 다음 표와 같이 범죄의 유형과 종류별로 여러 신고 기관이 있으므로 사이버 범죄의 종류를 알아두는 것이 예방 및 대처법이 될 수 있다.

구분	신고 홈페이지 및 신고 전화
형사 처벌 대상 범죄의 신고 (해킹, 사기, 불법 사이트 등)	경찰청 사이버안전국, http://www.ctrc.go.kr, ☎182
전자 상거래상의 분쟁	전자문서・전자거래분쟁조정위원회, http://www.ecmc.or.kr, ☎1661–5714
저작권 침해 신고 (불법 저작물/불법 복제물 신고)	저작권보호센터, http://www.cleancopyright.or.kr, ☎1588–0190
개인정보 침해의 신고	KISA 개인정보침해신고센터, http://privacy.kisa.or.kr, ☎118
사이버 명예 훼손의 신고	방송통신심의위원회원스톱인터넷피해구제센터, http://remedy.kocsc.or.kr/ddmsIndex.do, ☎1377
휴대폰 소액결제 분쟁 신고	휴대폰/ARS 결제 중재센터, http://www.spayment.org, ☎1644–2367

다음은 사이버 범죄 유형별 예방수칙이다.

1) 스미싱 예방수칙

① **링크 클릭주의** : 출처가 확인되지 않은 문자 메시지의 인터넷 주소 클릭을 주의한다.(지인에게 온 문자도 인터넷 주소가 포함되어 있으면 클릭 전 확인!)
② **전자금융사기 예방서비스** : 공인인증서 PC지정 및 추가인증을 사용한다.
③ **백신프로그램 설치** : 업데이트하고 실시간 감시상태를 유지한다.
④ **소액결제 차단・제한** : 자신의 스마트폰으로 114를 눌러 상담원에게 요청한다.
⑤ **금융정보 입력제한** : 보안승급 등을 명목으로 보안카드 번호를 요구할 때 입력하지 않는다.
⑥ **스마트폰 보안설정 강화** : 스마트폰의 환경설정에서 V체크를 하지 않아야 알 수 없는 출처의 앱이 설치되지 않는다(V체크 해제).

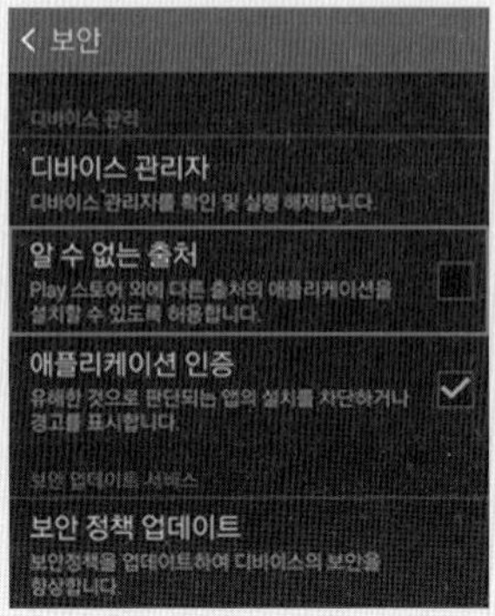

* 설정방법 : 환경설정 > 보안 > 디바이스 관리 > '알 수 없는 출처' 에 V체크 해제

2) 온라인 직거래, 쇼핑몰 사기 예방수칙

① 인터넷거래는 가급적 신용카드를 이용하며, 현금거래를 유도하는 사람은 의심해본다.
② '특가 할인상품' 등 광고 이메일을 조심한다.
③ 채팅이나 게시판 등에서 쉽게 돈 버는 법 등을 제안하는 사람은 일단 의심해본다.
④ 신뢰할 만한 쇼핑몰 등을 이용하고, 기타 쇼핑몰의 경우 홈페이지에서 다음을 자세히 살펴본다.
- 상품정보, 보증기간, 배송기간, 반품조건 등 거래조건 확인
- 회사신뢰도, 매출실적 등 회사에 대한 정보 확인
- 홈페이지에 약도, 주소, 연락처가 표시되어 있는지 확인
- 고객게시판이 있는지 확인하고, 배송지연, 항의글이 있는지 확인

⑤ 대형 오픈마켓이라고 하더라도 개별 입주자는 신뢰할 수 없으므로, 상대방에 대해 주의한다.
⑥ 급한 이유가 있다며 싼 가격을 제시하며 직거래를 제안하는 사람은 주의한다.
⑦ 부득이하게 직거래를 하는 경우, 직접 만나서 물품을 받는 것이 가장 좋다.
⑧ 해당 쇼핑몰이나 판매자를 대상으로 하는 피해자 모임이나 카페가 있는지 확인한다.

3) 파밍 예방수칙

파밍이란 악성코드에 감염된 PC를 조작해, 이용자가 인터넷 '즐겨찾기' 또는 포털사이트를 통해 금융회사 홈페이지에 접속하여도 파싱(가짜)사이트로 유도되어 금융정보를 탈취하여 유출된 정보로 예금이 인출되는 것을 말한다.

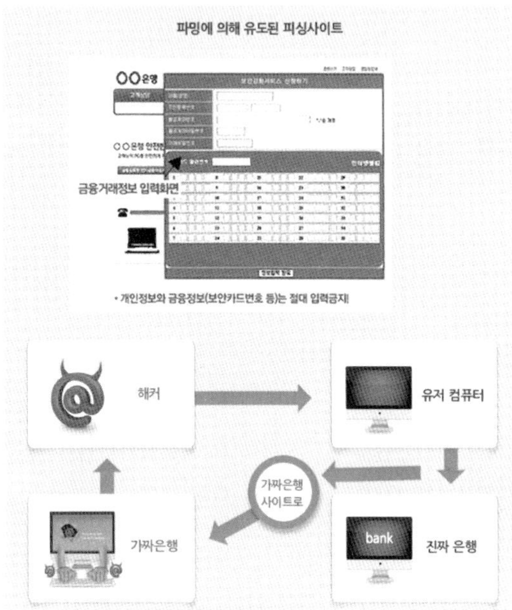

① 사이트 주소가 정상인지 확인하고, 보안카드번호 전부는 절대 입력하지 않는다.
② 공인인증서, 보안카드 사진 등을 컴퓨터나 이메일에 저장하지 않는다.
③ OTP(일회성 비밀번호생성기), 보안토큰(비밀번호 복사방지) 등을 사용하기를 권장하며, 공인인증서 PC지정 등 전자금융 사기 예방서비스에 가입한다.
④ 스마트폰 문자 메시지에 포함된 인터넷주소를 클릭하지 않는다.
⑤ 무료 다운로드 사이트의 이용을 자제하고, 출처가 정확하지 않은 파일이나 이메일은 즉시 삭제한다.

⑥ 윈도우, 백신프로그램 등을 최신 상태로 유지한다.
⑦ 파밍 등이 의심될 때에는 신속히 경찰청 112센터나 금융기관 콜센터를 통해 지급정지를 요청한다.

4) 악성프로그램 예방수칙

악성프로그램은 악의적인 목적을 위해 작성된 실행 가능한 코드의 통칭으로 자기 복제 능력과 감염 대상 유무에 따라 바이러스, 웜, 트로이목마 등으로 분류된다. 주로 웹페이지를 검색할 때, P2P 서비스를 이용할 때, 셰어웨어를 사용할 때, 불법복제 프로그램을 사용할 때, 내부자(해커)가 직접 설치할 때, 전자우편의 첨부파일 또는 메신저 파일을 열 때 침투한다.

주요 증상은 네트워크 트래픽 발생, 시스템 성능 저하, 파일 삭제, 이메일 자동발송, 개인정보 유출, 원격 제어 등이다.

예방을 위해서는 의심스러운 웹사이트 방문을 삼가고, 잘 모르는 사람이 보냈거나 수상한 이메일을 열지 말고, 메신저로 오는 인터넷 주소나 첨부 파일을 함부로 접속하거나 열지 않는 것이 좋다. 또한 보안등급을 설정하고, 불법복제를 하지 않으며, 통합보안 프로그램을 설치해 항상 최신 버전으로 유지하고 실시간 감시 기능을 켜두는 것이 좋다. 구체적인 예방수칙을 나열하면 다음과 같다.

① 음란물 등 불법 콘텐츠 검색을 자제하고, 기타 불법 사이트에 접속하지 않는다.
② 항상 백신프로그램으로 검사하며, 백신프로그램은 최신 버전으로 업데이트한다.
③ 다양한 감염 경로를 막기 위해 백신과 방화벽을 동시에 사용한다.
④ 불법소프트웨어를 설치・복사하지 않으며, 정품 소프트웨어 사용을 생활화한다.
⑤ 무료 다운로드가 가능한 프로그램도 신뢰할 수 있는 사이트에서 내려받도록 한다.
⑥ 중요한 데이터는 반드시 정기적으로 백업한다.

5) 스마트폰 채팅 어플 예방수칙

최근 들어 스마트폰 채팅 어플을 이용한 사이버 범죄가 늘고 있는데 몸캠은 스카이프 등 스마트폰 채팅 어플을 통해 음란 화상 채팅(몸캠)을 하자고 접근하여 상대방의 음란한 행위를 녹화한 후 피해자의 스마트폰에 악성코드를 심어 피해자 지인의 연락처를 탈취한 다음 지인들에게 녹화해둔 영상(사진)을 유포하겠다고 협박하여 금전을 갈취하는 범죄다.

몸캠피싱은 스카이프 등 스마트폰 채팅 어플을 통한 가상공간에서 범죄가 이루어지므로 몸캠피싱의 주체인 여성을 고용할 필요가 없고, 범죄 행위가 비교적 단기간에 종료되며, 주소록을 이용한 '음란한 사진 · 동영상 유출 협박 행위'의 실효성이 높아 범인들은 더 조직화되고 있다. 또한 랜덤 채팅 어플은 대부분 익명성 보장을 이유로 개인정보와 채팅 내용을 서버 등에 저장하지 않고 있으며, 대표적인 화상 채팅 어플인 '스카이프'는 미국에 본사가 있어 범죄 수사에 어려움이 있다.

〈앱스토어에 있는 다양한 랜덤채팅〉

〈채팅방을 만들어 놓은 모습〉

〈모바일메신저로 접근〉

① 몸캠피싱 피해를 예방하는 방법

스마트폰의 '환경설정' 메뉴에서 '출처를 알 수 없는 어플의 설치를 차단'해 둠으로써 스마트폰의 보안설정을 강화시킨다.

- 보안설정 강화 방법 : 환경설정 → 보안 → 디바이스관리 → '알 수 없는 출처(소스)'에 체크 해제(스마트폰 제품에 따라 메뉴 명칭은 일부 상이)
  특히, 출처 불명의 실행파일(*.apk)을 스마트폰에 내려받은 후 이를 스마트폰에 설치하는 행위는 절대 하지 않는다.
- 출처 불명 : 공식 '앱 스토어'(구글 플레이 스토어, T스토어 등)가 아닌, 문자 · 모바일 채팅 등을 통해 URL에 접속해서 내려받는 경우 「랜덤 채팅」에서 낯선 미모의 여성과 대화할 때, 언제든지 이러한 범죄의 표적이 될 수 있음을 유의한다.
- '랜덤 채팅'은 익명성 보장을 이유로 개인정보와 채팅 내용을 저장하지 않으므로, 몸캐피싱 외에 '조건만남 계약금 사기' 등 여러 가지 범죄의 시발점이 된다. 물론, 그 전에 '음란 채팅'을 하지 않는 것이 가장 중요하다.

② 만약 피해를 당했다면

범인들의 송금 요구에 절대 응하지 않는다. 범인들은 돈을 받았다고 해서 약속을 지키는 것이 아니기 때문에 오히려 '돈 사람'이라 생각해서 추가로 더 돈을 요구하며 더 이상 돈을 보내지 않으면 결국 동영상을 배포해 버리게 된다. 돈을 송금하는 것은 해결방안이 아니다. 협박 문자나 전화를 받은 즉시, 채팅 화면을 캡처하고 송금 내역 등 증거자료를 준비한 후, 즉시 가까운 경찰서에 신고한다.

범죄자는 여러 개의 채팅 계정과 대포 통장을 이용하기 때문에 적극적인 신고가 중요하다. 신고 후에는 추가 피해를 방지하기 위해 스마트폰을 초기화하거나, 설치된 악성 프로그램(앱)을 삭제한다.
또한, 악성 프로그램(앱)으로 인해 유출된 정보에는 주소록(전화번호) 정보 이외에 피해자의 각종 개인정보가 포함되어 있을 수 있으므로, 스마트폰에 연동되어 있던 각종 계정에서 탈퇴한 후 새롭게 개설하고 아이디, 패스워드 등도 변경한다.

적용하기

뉴스 기사 검색 등을 이용하여 여러 가지 사이버 범죄의 사례를 찾은 후 어떤 사이버 범죄인지 유형과 종류를 찾아보자. 그리고 탐색한 사례와 같은 사이버 범죄의 피해를 입지 않기 위해서 예방하는 방법과 피해 발생 후 대처하는 방법을 토의한 후 정리해보자.

즉, 사례별로 기사명, 기사 내용, 예방 및 대응 방법을 정리하여 아래 표를 완성해보자.

기사명	
기사 내용	
예방법	
대처법	
출처	

Tip ▶▶▶ 사이버 범죄의 처벌을 규정한 법률

정보통신망 이용촉진 및 정보보호 등에 관한 법률, 형법, 전기통신기본법, 청소년보호법 등 다양한 법률에서 여러 형태의 사이버 범죄 행위를 규정하여 처벌하도록 하고 있다.

법률명	적용법조	범죄행위
정보통신망 이용촉진 및 정보보호 등에 관한 법률	제70조~제74조	사이버 명예훼손, 악성프로그램 유포, 개인정보 침해, 사이버 스토킹 등
형법	제140조~제141조, 제227조의 2~제229조, 제232조의 2, 제234조, 제246조~제248조, 제309조, 제314조, 제316조, 제323조, 제347조, 제347조의 2, 제366조	공용 전자기록 등 손상・은닉 등, 공전자기록 등 불실 기재・기록, 타인 전자기록 등 위・변작, 컴퓨터 등 장애(손괴) 업무방해, 컴퓨터 등 사용사기 등
전기통신기본법	제47조 제2항, 제4항	자신・타인의 이익 또는 타인 손해 목적 허위통신, 전기통신업무 종사자의 공・사익 침해 목적 허위통신
성폭력범죄의 처벌 등에 관한 특례법	제12조, 제13조	통신매체 이용 음란, 카메라 등 이용 촬영
전파법	제80조~제83조, 제85조	무선설비 손괴 및 장애, 무선설비・통신설비 음란통신
신용정보의 이용 및 보호에 관한 법률	제50조	신용정보전산망 정보변경・삭제, 권한 없는 검색・복제 등
반도체집적회로의 배치설계에 관한 법률	제45조~제48조	배치설계권・전용이용권 침해, 배치설계의 등록사무 종사자 비밀누설 등
위치정보의 보호 및 이용 등에 관한 법률	제39조, 제40조	게임제공업자 게임물 이용, 도박・사행행위 방조 등
정보통신기반 보호법	제28조, 제29조	주요 정보통신기반시설 교란・마비・파괴 등
전자서명법	제31조, 제32조	타인 전자서명생성정보 도용・누설 등
전기통신사업법	제94조~제97조	전기통신사업자의 취급 중인 통신비밀 침해・누설 등
통신비밀보호법	제16조	전기통신 감청 및 비공개 타인 간 대화 녹음・청취 등

사행행위 등 규제 및 처벌특례법	제30조	무허가 사행행위영업 등
청소년보호법	제50조, 제51조	청소년 유해 매체물 판매·배포·시청·관람·이용에 제공 등
저작권법	제136조, 제137조	저작재산권 등 재산적 권리의 복제·전송·배포, 저작인격권을 침해한 저작자 명예훼손 등
주민등록법	제37조	허위 주민번호 생성 프로그램 전달·유포, 타인 주민등록번호 부정사용 등

〈출처〉 국민권익위원회 공식블로그 기자단(http://blog.daum.net/loveacrc/6264)

심화하기

1990년대 초반 인터넷 서비스가 시작된 이후 정보의 검색과 활용은 우리 생활의 필수 요소가 되었다. 전자상거래, 인터넷뱅킹, 전자민원 등과 같은 서비스는 쉽고 편리하게 이용할 수 있지만 그만큼 철저한 보안이 요구되고 있다. 통신망을 활용한 서비스가 다양해지고 복잡해지면서 정보 보안의 취약점이 드러나 심각한 사회 문제가 많아지고 있다.

정보 보안(Information Security)이란 정보의 수집, 가공, 저장, 검색 및 송·수신 과정에서 정보가 훼손·변조·유출되는 것을 막기 위한 기술·관리 등을 뜻한다. 정보 보안이 제대로 유지될 때 개인·기업·국가의 안전과 신뢰가 보장된다고 할 수 있다.

다음은 자신의 보안지수를 검사하는 문항이다. 항목별 질문에 대해 실천하고 있는 문항의 개수를 세어보자. 현재 보안 수준과 그에 따른 대책방법에 대해 생각해보자.

문항	o x 표시
1. 보안 관련 소프트웨어를 정기적으로 업데이트하고 있다.	
2. 최근 1개월 동안 웹 브라우저의 보안 패치를 설치한 적이 있다.	
3. 최근 1개월 동안 바이러스, 피싱 등으로 인한 각종 보안 관련 사고 소식을 들은 적이 있다.	
4. 사용하고 있는 이메일 계정에 스팸 방지 기능을 설정해두고 있다.	
5. 웹 사이트 등에서 내려받는 각종 프로그램의 출처 등 관련 정보를 반드시 확인한다.	
6. 메신저, 게시판 등에서 파일을 내려받기 전 백신 프로그램 등을 통해 점검한다.	
7. 신뢰할 수 있는 웹사이트에 한해서만 회원 가입하거나 개인정보를 기재한다.	
8. 출처가 의심스러운 이메일은 관심 있는 내용이라도 열지 않고 무조건 삭제한다.	
9. 불의의 사고를 대비해 자신의 시스템 및 각종 데이터를 백업하고 있다.	
10. 보안 업체 웹사이트를 주기적으로 방문하여 최신 보안 정보와 동향을 파악하고 필요한 프로그램을 내려받는다.	

[결과 분석]

O의 개수	보안 의식 수준	평가
9개 이상	우수	각종 위협으로부터 안전함
7 ~ 8개	보통	최신의 위협으로부터 안전하다고 장담할 수 없음
5 ~ 6개	위험	언젠가는 피해를 입을 가능성이 높음
4개 이하	심각	가까운 미래에 피해를 입을 가능성이 매우 높음

〈출처〉 보안 불감증 자가진단 리스트(보안뉴스, http://www.boannews.com)

정보를 보호하기 위해 무조건 정보를 감추고, 접근을 통제할 수는 없다. 정보를 합당하게 이용하려고 하는 사용자까지 불편하게 해서는 안 되기 때문이다. 정보 보안의 주요 목표는 다음과 같다.

목표	내용	예
기밀성	정보의 소유자가 원치 않으면 정보를 공개할 수 없다.	인터넷 뱅킹 사용자가 계좌 이체를 할 때 그 정보가 타인에게 노출되지 않도록 암호화하는 방식은 기밀성이 잘 보장되는 예이다.
무결성	허락받지 않은 사용자가 정보를 변경해서는 안 된다.	인터넷 거래에 필요한 공인 인증서에 기록된 내용은 타인이 조작할 수 없도록 만들어 무결성을 유지한다.
가용성	허락된 사용자는 방해받지 않고 정보에 접근할 수 있어야 한다.	웹사이트에 접속하려고 할 때 에러 등 서비스 장애를 일으키는 것은 가용성이 떨어진다고 볼 수 있다.
부인 방지	정보를 받은 사람이 나중에 그 사실을 부인하지 못해야 한다.	보낸 이메일을 상대가 읽었는지 알 수 있는 수신 확인 기능은 부인 방지 원칙을 잘 반영한 것이다.

2장 종합하기

01 저작권 보호 및 건전한 인터넷 문화 확산을 위해 저작물 자유이용 허락표시인 'CCL(Creative Commons License)'이 있다. CCL 표기 유형에 따른 의미를 기술하시오.

CCL 표기	의미
CC BY ND	
CC BY SA	
CC BY NC SA	
CC BY NC ND	

02 다음 사이버 범죄 유형에 대한 용어를 간략하게 설명하시오.

① 스미싱 :

② 파밍 :

③ 악성프로그램 :

④ 몸캠피싱 :

⑤ 전자상거래 사기 :
⑥ 개인정보 침해 :
⑦ 디지털 저작권 침해 :

03 **다음은 저작권 관련 사항이다. 맞으면 O, 틀리면 X로 표시하고 바르게 고치시오.**

가. 좋아하는 음악을 직접 연주하고 노래하여 녹음한 곡을 홈페이지에 올리려고 할 때 작곡가, 작사가, 편곡자의 허락을 받아야 한다. (　　)

나. 개인이 음악을 녹음한 후 mp3로 변환하여 듣는 것은 저작권 침해가 아니다. (　　)

다. 인터넷에 유명 연예인의 팬클럽 홈페이지를 개설하려고 할 때 그 연예인의 사진은 그것을 찍은 작가에게만 허락을 받으면 된다. (　　)

라. TV 방송에 대한 시청 소감을 방송국 홈페이지 게시판에 올렸을 때 이는 저작물로 인정된다. (　　)

마. 사람 이름이나 영화 제목은 저작물로서 인정된다. (　　)

바. 신문 기사를 블로그 등에 출처를 밝혀 올린 경우는 저작권 침해가 아니다. (　　)

사. 대중 앞에서 노래를 하고 그 음을 확성기를 통해 들려주는 경우 비영리적 목적이라 할지라도 저작권자의 이용 허락을 받아야 한다. (　　)

아. 영화 DVD 정품을 구매하여 친구들끼리 돌려보는 행위는 불법이 아니다. (　　)

자. 저작권 보호 기간이 끝난 클래식 음악은 새로 연주하여 음반으로 출시했다 할지라도 저작권이 소멸하였기 때문에 자유롭게 이용할 수 있다. (　　)

차. 학교의 영화 동아리 활동으로 DVD를 대여하여 시청각실에서 학생들을 대상으로 상영한 것은 저작권 침해다. (　　)

타. 지방자치단체에서 발표한 채용 공고를 복사해서 활동하는 카페에 공유하는 행위는 정당하다. (　　)

파. 학교에서 교육을 목적으로 소프트웨어를 복제하여 사용할 수 있다. (　　)

하. 개인이 무료로 이용할 수 있는 소프트웨어는 언제나 학교에서도 무료로 사용할 수 있다. (　　)

04 정보 보안의 주요 목표인 기밀성, 무결성, 가용성, 부인 방지에 대한 용어를 사례와 함께 기술하시오.

구분	내용
기밀성	
무결성	
가용성	
부인방지	

05 다음 사례와 관련하여 토의질문에 답하시오.

> 대학생 A씨는 지난해 기업 공채에서 수차례 연이어 떨어진 이유를 자신의 SNS활동 탓이었다고 한다. 면접관들이 5년 전 미국산 쇠고기 수입반대 촛불집회 현장에 앞장섰던 그의 모습이 찍힌 사진 등 자신의 트윗 흔적들을 인터넷을 통해 확인하였고 수배기록까지 보았다고 하기 때문이다.

위 사례에서 보듯이 '잊혀질 권리'와 관련하여 최근 우리나라에서도 관심이 커지면서 다양한 논의가 이루어지고 있다. '잊혀질 권리'란 무엇인지 설명하고, '잊혀질 권리'의 법제화에 대한 장점과 단점에 대해 설명하시오.

06 최초 창작물의 권리를 보호하려는 '카피라이트' 주장과, 창작물과 정보를 자유롭게 공유하자는 '카피레프트' 주장이 대립하고 있다. 이와 관련하여 해당 사이트를 방문하여 살펴보고 질문에 답하시오.

카피라이트(copyright)	카피레프트(copyleft)
의미 : 문학 · 학술 또는 예술의 범위에 속하는 창작물인 저작물에 대한 배타적 · 독점적 권리	의미 : 지적 재산권에 반대해 지적 창작물에 대한 권리를 모든 사람이 공유할 수 있도록 하는 것
카피라이트를 옹호하는 입장 : 저작권은 음악, 소설, 소프트웨어 등 저작물을 개발하는 사람들이 갖는 권리다. 개인이 오랜 시간을 들여 만든 저작물이나 정보를 대가를 지불하지 않고 표절하거나 함부로 사용할 경우 저작자나 정보 생산자의 의욕을 떨어뜨릴 것이므로 이를 금지하자는 입장이다.  〈출처〉 www.copyright.or.kr	카피레프트를 옹호하는 입장 : 지적 창작물을 개발자가 배타적으로 소유하는 것은 잘못이다. 지식과 정보를 자유롭게 공유하면서 이익을 창출하고, 그에 따른 이익도 공유하자는 입장이다.  〈출처〉 ipleft.or.kr

바람직한 카피라이트와 카피레프트의 적용 사례를 찾아보고, 사용자 입장과 저작자 입장에서 어떤 긍정적 영향이 있는지 다음 표에 기술하시오.

	카피라이트(copyright)	카피레프트(copyleft)
사례		
저작물 사용자 입장		
저작자 입장		

3장

정보관리

1. 정보의 수집
2. 정보의 분석
3. 정보의 표현
4. 정보의 공유

3장 정보관리

소 개

이 장에서는 매일같이 쏟아지는 수많은 정보 가운데 필요한 정보를 선택하고 저장하여 이를 바탕으로 새로운 정보를 재생산해내는 방법에 대해 학습한다. 나아가 다양한 채널을 통한 정보의 생산과 이를 전달하기 위한 효과적인 방법들을 살펴본다.

학습목표 직장생활에서 필요한 정보를 수집하고 분석하여 의미 있는 정보를 찾아내며, 찾아낸 정보를 업무수행에 적절하도록 조직 및 관리하고 활용하는 능력을 기를 수 있다.

학습내용

- **지식** : 정보 수집, 표현, 공유에 필요한 소프트웨어, 정보 분석의 평가기준, 클라우드 컴퓨팅 개념
- **기술** : 인터넷을 통한 정보 획득, 스마트 기기를 통한 자료 편집과 전달 방법, 정보 공유의 설정 및 해제 방법
- **상황** : 주어진 정보를 업무와 관련이 있는 정보와 그렇지 않은 정보로 분류하는 경우, 주어진 목적에 적합한 정보의 중요도 순으로 분류하는 경우, 업무와 관련된 정보를 다양한 채널을 통해 찾으려는 경우, 주어진 정보의 중요성, 정확성 등을 파악하려 하는 경우, 업무상황에 적합한 정보전달 방법을 선택하는 경우, 프레젠테이션에 적합한 자료 서식을 구하는 경우

1. 정보의 수집

생각하기

직장인 절반가량은 스마트폰으로 통화나 문자보다는 인터넷검색을 더 많이 하는 것으로 나타났다. H회사 임직원 540명을 상대로 스마트폰 사용현황을 조사한 결과에 따르면 '스마트폰으로 주로 하는 일이 무엇인가'라는 질문에 45%(244명)가 인터넷검색이라고 꼽았으며 전화나 문자는 22%(122명)에 불과했다. 이어 음악감상 등 취미활동(14%, 75명), 소셜 네트워크 서비스(12%, 62명), 게임(7%, 37명) 등의 순이었다. 스마트폰의 가장 큰 장점으로는 언제 어디서나 가능한 인터넷검색(52%)을 꼽은 응답자가 가장 많았으며 혼자서도

심심하지 않은 시간(23%), 유용한 애플리케이션의 활용(17%), 내비게이션과 음악감상 등 다양한 기능(8%) 등이 뒤를 이었다. 스마트폰을 사용하면서 가장 불만인 점으로는 비싼 가격(38%), 대화가 줄었다(26%), 오래가지 않는 배터리(22%), 없으면 불안하다(14%) 등이라고 밝혔다.

우리는 지하철, 학교, 직장내 심지어 이동하는 순간에도 스마트폰에서 눈을 떼지 않고 몰입하는 광경을 종종 보게 된다. 이렇듯 스마트폰은 오프라인 생활 속의 대화를 앗아간 대신에 온라인상에서 소통하고 참여하는 능력을 키워주고 있다.

그렇다면 스마트폰을 학업 또는 직장 업무에 이용함에 있어서 어떠한 부분이 긍정적, 부정적, 흥미로운 점인지 생각해보고 창의적이면서 효과적인 스마트폰 활용방안을 PMI 기법으로 토론해보자.

문제	학업, 직장 업무에 이용함에 있어 스마트폰의 효과적인 활용 방안
P (긍정적)	
M (부정적)	
I (흥미)	
종합의견	

Tip ▶▶▶ PMI 기법으로 창의적인 대안 탐색해보기

PMI 기법은 드 보노(de Bono)가 개발한 '인지사고 프로그램'에 포함된 사고 기법으로 어떤 아이디어나 제안을 다룰 때, 열린 생각으로 접근하여 긍정적인 점, 부정적인 점, 흥미로운 점 등을 고려해본 다음 의견들을 결합하여 아이디어를 좀 더 구체화시키거나 창의적인 대안을 찾는 데 도움을 줄 수 있다. 주의할 점은 PMI가 완료되기 전까지는 오직 그 단계에 맞는 아이디어만 생각해야 한다. 즉, P를 생각하는 단계에서는 M과 I를 전혀 고려하지 않고, 오직 대상의 장점만 떠올려야 한다. 마찬가지로 M단계에서는 오직 단점에 대한 의견만 내며 I단계에서는 새로운 점만 생각하여 PMI 아이디어 간에 서로 방해가 일어나지 않도록 한다.

적용하기

정보를 수집할 때 네이버, 다음, 구글과 같은 검색 엔진을 이용하는 것은 이제 무척 당연한 일처럼 되어버렸다. 검색 엔진은 궁금증을 쉽게 해결하는 데 편리하지만 아쉬운 점이라면 예전에 읽었던 책의 일부분이나 어딘가에 적어둔 메모와 같이 검색한 정보에 대해 기록하고 분류하여 그것을 활용하는 일이다.

다음 사례를 통해 정보를 검색하고 수집하는 일의 효율적인 방안을 토론해보자.

한창 업무에 집중하느라 조용한 오후. 갑자기 외마디 비명이 들렸다. 비명의 주인공은 마케팅부 백대리다. 표정이 심상치 않았다. 멈춘 모니터 화면 앞의 두 손이 남극 빙산마냥 얼어붙어 있었다.

"뭐하시던 중인데요? 뭐 날아간 거 있어요?"
"아니. 열어둔 검색창이 다 날아간 것뿐이야. 내일 회의 때 쓰려고……"

말을 끝맺지 못하는 백 대리는 입을 다물어버렸다. 노트북 사건을 겪은 후 명예회복에 나설 요량으로 익숙하지 않은 스마트워크를 해보겠다고 열심히 자료를 검색하던 중이었다. 몇 개 기사의 출처는 기억하고 있었지만, 나머지 것들은 출처는커녕 어떤 기사였는지도 기억나지 않았다.

Tip ▶▶▶ 구글링을 위한 다양한 검색

인터넷 구글(Google) 사이트에는 정보를 검색하는 작업을 '구글링'이라고 표현할 정도로 똑똑한 검색방법을 제공한다. 검색을 할 때 적절한 단어를 선택하고 다양한 검색옵션을 이용하여 원하는 정보를 재빨리 수집한다면 빠른 업무성과와 능률을 높이는 데 큰 도움이 될 것이다.

구글링을 제대로 하기 위한 몇 가지 방법을 알아보면 기호옵션과 검색연산자를 통한 두 가지로 나눌 수 있다.

▼ 구글링을 위한 기호옵션

구분	설명	예제
&	두 단어가 함께 들어간 글 검색	스마트워크 & 모바일오피스
" "	따옴표 안에 들어간 단어 및 문장과 정확히 일치하는 것만 검색	"스마트워크 재택근무"
–	'–' 하이픈 뒤에 들어간 단어를 제외하고 검색	스마트워크 – 스마트러닝
|	두 단어중 하나만 들어가도 검색	스마트워크 | 스마트오피스
*	*로 사용하면 특정 단어를 모두 포함해서 검색	스마트*
..	숫자 사이에 공백없이 입력하면 주어진 범위 내에서 숫자를 포함해서 검색	스마트워크 2011..2016
~단어	단어와 연관된 모든 문서를 검색	~스마트워크
숫자+숫자	사칙연산도 가능	100+50
단위변환	단위환산 가능, 환율 계산	1파운드=?kg 100엔=?원
날씨검색	지역명과 날씨검색	대구 날씨

▼ 구글링을 위한 검색연산자

구분	설명	예제
site :	특정 사이트나 도메인 내에서 검색	site : naver.com 스마트워크
filetype :	특정 확장자의 파일명만 검색	filetpye : ppt 스마트워크
define :	단어의 사전적 정의 검색	define : 스마트워크
link :	특정 페이지로 연결된 페이지 검색	link : google.com
related :	이미 알고 있는 URL과 유사한 사이트 검색	related : google.co.kr
intitle :	제목만 검색하고 내용은 검색하지 않음	intitle : 스마트워크

〈출처〉 최고의 인재들은 어떻게 일하는가?, 한가늠 외 3명, 2015.

1) 웹페이지 스크랩, 포켓 어플

인터넷에서 정보를 찾아 활용할 때 많은 정보를 찾다 보면 그 내용을 기록해두어야 할 때가 있다. 많은 양의 정보를 일일이 기록하기란 꽤나 번거로운 일이 아닐 수 없다. 그럴 때 유용한 것이 바로 이 포켓(Pocket) 어플이다.

'포켓(주머니)'이란 이름대로 저장하고 싶은 웹페이지를 나의 폰에 넣어둘 수 있다. 통신이 안 되는 곳에서도 저장한 페이지를 볼 수 있다는 점이 큰 장점인 듯하다. 만약 외국에 가서 그 전에 저장했던 웹페이지를 찾아보고 싶을 때 인터넷이 가능한 곳에서만 된다면 어플을 활용하기가 힘들 텐데 인터넷이 안 되는 곳에서도 저장한 페이지를 볼 수 있으니 free wi-fi존이 드문 외국에서도 유용하게 쓰일 수 있다. 저장한 내용물을 검색할 수 있으며, 텍스트와 비디오 및 사진이 따로 분류화되어 있으니 어플에 저장된 정보를 편리하게 꺼내볼 수 있다.

포켓 어플은 PC에서 연동할 수 있다. 스마트폰에서 포켓에 저장해놓은 정보를 컴퓨터에서도 볼 수 있고, 컴퓨터로 인터넷을 하다가 유용한 정보가 있으면 포켓에 저장할 수 있으며 역시 그 정보를 스마트폰에서도 볼 수 있는 것이다.

① 포켓(Pocket) 어플 설치

② 인터넷 뉴스(기사) 검색 후 [더 보기] 선택

③ [Pocket에 추가 공유] 선택

④ 포켓 어플에서 추가된 목록 확인 가능

2) 이미지의 시대, 저작권 걱정 없는 구글 이미지 검색

블로그 운영, 공모전 및 프레젠테이션 준비, 보고서/사업계획서 작성 등 다양한 영역에 디지털 이미지가 활용되면서 디지털 이미지 사용과 관련한 저작권 침해 문제가 수면위로 떠오르고 있다. 특히 최근에는 무료 이미지 라이선스 코드가 포함된 이미지를 다운로드했음에도 합의금을 요구받는 사례가 증가하고 있어 더욱 문제다.

이미지 저작권과 관련된 다양한 문제들을 방지하기 위해서는 저작권법에 따라 인터넷에서 무료로 제공되는 저작물의 저작재산권자를 확인하고, 이용방법과 조건의 범위를 준수해야 한다. 또 다운로드 이후 무료로 제공되는 이미지와 관련해 저작권 침해 및 합의금 명목의 금전배상을 요구받았다면 저작재산권자에 의한 주장인지 여부 및 내용의 적법성을 확인하도록 한다.

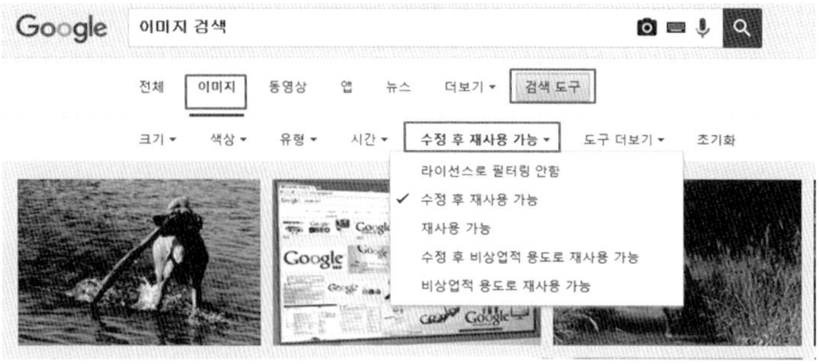

3) 유튜브 동영상 다운로드

유튜브는 그간 동영상이 컴퓨터에 저장한 뒤 보는 '다운로드'가 아니라 실시간으로 재생해 즐기는 '스트리밍' 대상임을 전 세계 인터넷 이용자에게 각인시켰다. 이처럼 유튜브는 스마트기기의 등장과 함께 가상현실 지원을 비롯하여 다양한 분야의 콘텐츠를 전달하고 새로운 트렌드 창출의 장이 되고 있다. 이러한 유튜브 동영상을 다운로드하는 방법은 다음과 같다. 이때, 이용자는 저작권자가 다운로드를 허용한 동영상을 다운로드해야 하고, 다운로드한 동영상은 영리목적이 아닌 개인 목적 용도로만 사용해야 한다. 또한 동영상 다운로드 및 다운로드한 동영상의 사용으로 발생하는 저작권 및 초상권 침해에 대한 책임을 감수해야 한다.

① PC에서 원하는 유튜브 동영상을 검색한 후 URL 주소 창에서, Youtube 주소 앞에 ss를 입력하고 enter키를 누른다.

② savefrom.net 페이지에서 파일 변환된 동영상을 확장자와 해상도 크기를 확인한 후 다운로드 버튼을 눌러 저장한다.

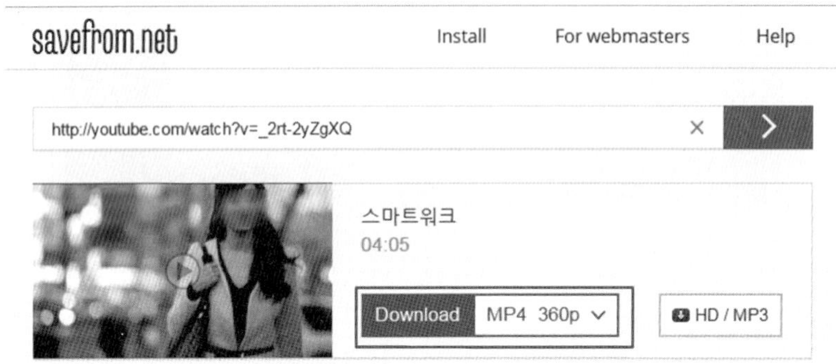

③ 유튜브 동영상에서 음원을 추출하려면 http://www.youtube-mp3.org 사이트로 접속해서 유튜브에서 검색한 동영상 URL 주소를 붙여넣기 한 후 'Convert Video' 버튼을 누른다.

'Download' 링크가 나오면 이 링크를 클릭하여 mp3 파일로 저장하면 된다.

Tip ▶▶▶ 유튜브의 즐겨 찾기 활용

유튜브를 이용할 때에는 로그인을 하고 검색하는 것이 좋다. 로그인을 하고 유튜브를 이용하면 재생한 모든 유튜브 영상의 내역이 기록되기 때문에 그동안 보았던 영상을 찾기가 수월해진다. 또한 영상을 보던 중에 재생 목록에 추가함으로써 해당 영상을 다시 찾고자 할 때에도 유용하다.

PC, 스마트폰, 태블릿PC 등에서 유튜브 앱을 실행한 후 로그인을 한 채로 사용하면 기기별로 유튜브 동영상을 보았던 내역들이 모두 저장되기 때문에 편리하다.

심화하기

정보를 수집한 후 분석에 들어가기 전에 찾은 정보가 어떤 내용인지 핵심을 요약할 필요가 있다. 업무 수행 중에 자신이 만든 계획이나 주장을 주위 사람에게 이해 또는 설득시키기 위해서는 핵심 내용을 명확히 파악하는 것이 중요하다. 정보를 요약하는 것은 주어진 자료의 내용과 구조를 분석·종합하여 이해한 결과를 중심으로 압축하여 나타내는 것이다.

다음 사례에 제시된 핵심 내용이 무엇인지 '결론-이유-증거' 원칙으로 정보를 요약해 보자. 이때 제시되는 지문의 내용을 핵심적인 것과 지엽적인 것으로 구분하여 그 결과를 지문의 내용 순서에 따라 필자의 의도를 왜곡시키지 않고 자신의 생각으로 바꾸어 한 편의 완결된 글로 작성하는 것이 중요하다.

"컨셉이란 말을 정확히 이해하지 못한 사람과는 함께 일하지 마라."
최근 비즈니스 환경에서 흔히 들을 수 있는 말이다. 컨셉의 사전적인 의미는 '개념'이다. 그러나 실무에서 '이것의 컨셉은 뭘까'라고 할 때의 컨셉은 개념이라기보다는 개성이나 특성을 의미한다.
할인 마트인 이마트의 개념은 '대형 할인 소매업체'이지만 그들의 컨셉은 '최저 가격'이다. 대형 할인 소매업체는 많지만 '최저 가격'이라는 전략을 중심에 두고 운영하는 곳은 이마트가 선두다. 남과 다르면서도 앞서는 것, 즉 차별성과 우위성을 나타내는 특성을 함축하는 말이 바로 컨셉이다. 그러므로 컨셉은 단순한 개념이 아닌 본질이며 특징이다. 프레젠테이션은 청중에게 정보를 제공하고 이해를 구하는 행위이다. 청중을 설득하기 위해서 보다 차별화되고 흥미를 끌 수 있는 정보를 제공하는 방식은 프레젠테이션의 제작에서 기본 요건이 된다. 즉 컨셉이 있는 프레젠테이션이 되도록 설계하여야 한다.

〈출처〉 좋은 컨셉은 어떻게 만들어지는가, HR Institute 지음

* CRF의 원리 *

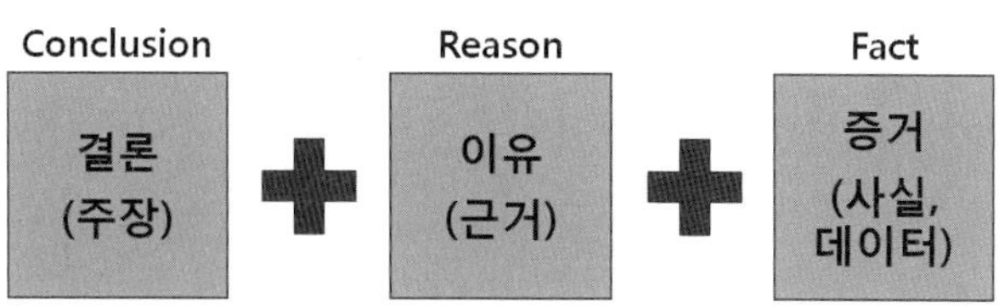

※ 이 3가지가 갖춰질 때 비로소 설득력 있는 주장을 할 수 있다.

[C] 결론(주장)	
[R] 이유(근거)	
[F] 증거 (사실, 데이터)	
[CRF 종합] 핵심 요약	

2. 정보의 분석

정보분석이라는 용어는 1969년 Pritchard가 처음 도입하였는데 그는 정보분석을 '서적과 그 외 의사전달 수단에 대해 수학적이며 통계학적인 방법을 응용한 것'이라고 정의한 반면, Nalimov와 Mulchenko는 정보분석학을 '정보 처리로 보이는 과학 분석을 다루는 정량 방법의 응용'이라고 정의하였다. 오늘날 이 두 용어는 거의 동의어같이 사용된다. 더 일반적인 용어인 정보분석학은 과학 기사 및 과학 서적뿐만 아니라 전자 미디어와 정보 검색 측면에서 과학의 다양한 의사전달 절차를 정량 분석하는 것에 관하여 논의할 때 사용되기도 한다.

정보분석은 수집된 정보자원을 조직하고, 정보의 내용을 독해하여 분석적, 비판적 관점에서 판단하는 행위를 말한다. 수집된 정보를 활용하는 정보분석은 개인의 경우 지적 수준을 높이며, 주요한 의사결정에 필요한 근거를 확보하게 된다.

그렇다면 우리가 하루에도 몇 번씩 확인하고 즐겨 찾는 SNS(카카오 스토리, 트위터, 페이스북, 미투데이 등)에 담겨 있는 다양한 정보는 믿을 만한 정보인가? 또는 얼마나 유용한가? 아래 표의 분류기준에 따라 정보를 나누어보고 팀별로 그 정보를 분석해보자.

① 자신이 주로 사용하고 있는 SNS의 정보들을 분류기준을 정하여 나누어보도록 한다.

꼭 필요해서 저장해두고 싶은 정보	
삭제하고 싶은 정보	
다른 사람들과 함께 알고 싶은 정보	
비공개로 하고 싶은 정보	
사실인지 아닌지 의심스러운 정보	

② 팀별로 어떤 내용이 담겨 있는지 확인하고 의견을 공유해본다.

③ 팀별로 올바른 정보 또는 허위 사실에 의한 것인지 등을 판별하는 정보의 선별 기준을 정하고 그 기준에 따라 정보를 평가해본다.
(정보의 선별 기준 예 : 정보출처의 명확성, 정보의 객관성, 정보의 최신성 등)

④ 팀별로 '꼭 필요해서 저장해두고 싶은 정보'와 '다른 사람들과 함께 알고 싶은 정보'를 종합하여 다른 팀원들에게 전달한다.

⑤ 전달받은 다른 팀들의 정보가 유익한지 아닌지, 믿을 수 있는 정보인지 등을 판단하여 우수 정보를 선정해본다.

적용하기

다음 사례를 통해 김 사원의 보고서 작성에서 빠진 것이 무엇인지 5W3H 트리를 활용하여 보고서를 분석해보자.6)

김 사원 : 과장님, 이번에 출시된 스마트폰에 대한 프로모션 기획서입니다.
박 과장 : 이번 기획이 왜 중요한지는 잘 알고 있지? 전략적으로 출시하는 스마트폰인 만큼 프로모션을 통해 인지도를 높이는 게 중요해.

(기획서를 보고 나서)

박 과장 : 김 사원, 프로모션 목적은 알겠는데 무엇보다 누구를 대상으로 하는지에 대한 게 없는 것 같군. 그뿐 아니라 이번 프로모션에 소요되는 비용은 얼마나 되고 언제부터 언제까지 할지 등에 대한 내용이 없어.
김 사원 : 강남과 명동 지역을 중심으로 이벤트를 실시할 예정이라, 타깃은 따로 설정하지 않았습니다. 예산은 정확히 얼마나 소요될지 판단하기 어려워서....
박 과장 : 김 사원, 프로모션 기획서라면 해당 프로모션이 누구를 타깃으로 하고 이 프로모션을 했을 때 예상되는 비용이 얼마인지에 대한 게 나와야 되지 않나? 그건 이 기획서뿐만 아니라 모든 문서작성에 있어 기본이지.

회사의 문서들은 모두 작성하는 이유가 있다. 누군가에게 보고되고, 보고받는 사람은 해당 문서를 바탕으로 어떤 행동을 취하고, 추후 그 행동에 대해 다시 검토를 한다. 이를 정리해보면, 보고서에는 작성배경과 목적, 보고대상, 구체적인 행동계획, 소요예산 및 비용 등이 있다. 김 사원이 작성한 스마트폰의 프로모션 기획서에서 강남이나 명동에서 프로모션하겠다고 제시했지만, 구체적으로 어떤 고객층을 대상으로 할 것인지 제시하지 않았다. 타깃 제시가 중요한 이유는 해당 타깃과 강남과 명동이라는 지역이 연계성을 갖고 있는지를 검토할 수 있는 근거가 되기 때문이다. 만약 10대가 타깃이라면 오히려 다른 지역에서 프로모션을 실행하는 것이 나을 수도 있다.

또한 프로모션에 소요되는 비용과 구체적인 일정계획을 담지 않았다. 모든 문서가 실행을 담보한다고 했을 때, 비용과 일정은 상사 입장에서 가장 중요한 사항이 된다. 회사 내 다른 이벤트와 연계할 수도 있을 뿐만 아니라, 사내에 배정된 예산을 초과한다면 프로모션 기획안은 다시 검토되어야 하기 때문이다. 회사에서 일어나는 모든 일은 한정된

6) 〈출처〉 보고서의 신, 박경수, 2015.

자원을 가지고 이루어지기 때문에 예산과 일정에 대한 사항은 필수 검토사항이다. 인력을 투입하더라도 얼마나 투입해야 하는지 알아야 타 부서와의 업무 조율을 할 수 있기 때문이다.

따라서 5W3H 트리는 ① what : 보고서의 주제와 해당 주제에 대한 내용, ② why : 보고서 작성의 목적, 보고내용에 대한 배경과 목적, ③ who : 보고서에 기술된 내용을 누가 할 것인지를 말하는 실행자뿐만 아니라 해당 보고서의 내용이 누구(타깃)를 대상으로 하는지에 대한 사항, ④ when과 where : 언제 어디서 보고서에 작성된 내용을 실행할 것인지에 대한 사항, ⑤ how : 어떤 방법을 통해 실행할 것인가, ⑥ how much : 소요되는 예산과 비용, ⑦ how long : 구체적인 일정을 뜻한다.

이렇듯 5W3H 트리를 적용하여 기획안을 작성할 경우 아래와 같은 스토리를 만들어 낼 수 있고, 보고서 작성 완료 후에도 상사에게 보고하기 전에 전달할 내용이 빠짐없이 있는지에 대한 사전 검토 방법으로 활용할 수 있다.

> 이번 스마트폰 프로모션 기획안은 회사의 인지도를 높이고 매출 증대를 위한 것입니다. 20대, 30대를 대상으로 하며, 이를 위해 강남이나 명동 지역에서 실시할 예정입니다. 마케팅부서와 상품기획부서의 인력이 각각 2명, 총 4명이 투입될 예정으로, 해당 지역 내 유명카페와 연계하여 다양한 이벤트를 실시할 계획입니다. 이를 위해 O월 O일부터 약 2주간 실시되는 이번 프로모션 소요비용은 OO만원입니다.

What	• 무엇을 하려는 것인가?	▶ 주제 및 내용
Why	• 왜 하는 것인가?	▶ 배경 및 의도
Who	• 누가 실시하고 누가 대상인가?	▶ 실행자 및 대상
When	• 언제 실시할 것인가?	▶ 시기
Where	• 어디서 실시할 것인가?	▶ 장소
How	• 어떻게 추진할 것인가?	▶ 방법 및 절차
How Much	• 예산과 비용은 얼마나 들 것인가?	▶ 예산 및 손익
How Long	• 얼마나 걸릴 예정인가?	▶ 일정 및 기간

▲ 5W3H 트리를 활용한 정보분석의 기준

3. 정보의 표현

정보는 표현 형태에 따라 문자 정보, 그림 정보, 소리 정보, 동영상 정보 등으로 유형을 나눌 수 있다. 정보의 각 유형별 특징을 잘 파악하여 적절히 활용하면 더욱 가치 있는 정보를 생산할 수 있고 더 효과적으로 전달할 수도 있다.

- 문자 정보 : 말이나 소리를 눈으로 볼 수 있도록 적기 위한 부호로 한글, 영문자, 한자, 숫자, 기호 등이 포함된다. 정보를 표현할 때 가장 흔하게 사용되며, 신문, 책, 간판, 각종 문서 등은 주로 문자 정보로 표현된다. 가장 기본적이고 널리 사용되는 정보 표현 형태이며, 다양한 모양과 색상을 지정하여 작성하면 효과적으로 정보를 표현할 수 있다.
- 그림 정보 : 선이나 색채를 사용하여 사물의 형상이나 이미지를 평면 위에 나타낸 것이다. 문자 정보에 비해 표현하고자 하는 내용을 이해하기 쉽게 표현할 수 있으며, 사진, 그래프, 약도, 포스터 등에서 많이 볼 수 있다. 선사 시대의 동굴 벽화에서 볼 수 있듯이 그림은 문자보다 먼저 사용된 정보 표현의 형태이며, 많은 문자로 표현된 정보를 그림으로 표현하면 더 쉽고, 정확하게 의미를 전달할 수 있다. 그림으로 정보를 표현할 때는 문자로 표현하는 것보다 많은 저장 공간이 필요하다는 단점은 있으나 시각적인 효과가 훨씬 뛰어나므로 많이 사용된다.
- 소리 정보 : 사람의 귀로 들을 수 있는 정보다. 다른 정보와 함께 제공하면 주의력을 집중시킬 수 있고, 음악은 사람들에게 즐거움이나 편안함을 줄 수 있다. 사람의 음성, 음악, 효과음 등이 소리 정보에 속한다. 영화나 TV에서처럼 사람들의 말을 통해 표현하기도 하고, 배경 음악이나 효과음 등을 통해 생생한 현장감을 표현하기도 한다. 컴퓨터를 이용하면 여러 소리를 녹음, 재생, 편집할 수 있으며, 다양한 형태의 소리 파일로 저장할 수 있다.
- 동영상 정보 : 움직이는 영상을 표현한 정보다. 실제로는 움직이지 않는 정지 영상들을 시간의 흐름에 따라 연속으로 표현한 것으로, 눈의 잔상 효과에 의해 우리는 이를 움직이는 영상으로 인식한다. TV, 영화 등에서 주로 볼 수 있다. 특히, 애니메이션은 비디오로 촬영이 불가능하거나 물체의 동작 원리 등을 설명하고자 할 때, 매우

효과적이다. 예전에는 애니메이션의 제작을 위해 그림을 하나하나 손으로 그렸으나 최근에는 그 작업이 컴퓨터로 진행된다.

적용하기

다음과 같은 상황에서 김 과장이 회사에 들어가지 않고 스마트폰으로 자료를 편집할 수 있는 방법은 무엇인지 생각해보자.

"김 과장, 퇴근하면 전화하는 거 아닌데 미안해요. 오늘 오후 5시에 올린 하나백화점 관련 자료 있지요? 그게 최근 버전이 아닌 것 같은데. 한번 확인해 줄래요? 내일 사장님과 조찬 모임이 있는데 최종 승낙을 받으려면 그게 있어야 진행되거든."
"알겠습니다. 확인하고 다시 연락드리겠습니다."

스마트폰으로 자료를 내려받아 확인했다. 아뿔사! 파일 이름에 혼동이 있었는지 예전 자료를 올려놓았다. 김 과장은 사무실로 전화를 걸었다. 혹시라도 누군가 남아서 야근을 하고 있기를 간절한 마음으로 빌고 또 빌었다. 누구라도 자신의 컴퓨터를 켜서 파일을 보내주면 되기 때문이었다. 하지만 이미 11시가 넘은 시간, 아무도 받지 않았다. 하필이면 오늘따라 태블릿PC도 갖고 오지 않았다. 지금이라도 몇 군데의 정보만 수정하면 되는데, 당장 회사로 들어가야 하나? 갈등이 생기기 시작했다.

1) 움직이는 사무실, 폴라리스 오피스

모바일 시대가 도래하며 업무 환경도 바뀌었다. 많은 사람들이 스마트폰과 태블릿PC로 업무를 처리하고, 외부에서 이동하며 이메일과 문서를 확인하고 있다. 하나의 문서를 공유하고 여러 사람들이 협업을 하는 일도 있다.

현재 모바일 업무 환경에 최적화된 오피스는 '클라우드를 내장한 비설치형 오피스' 프로그램이다. 비설치형 오피스란, PC에 애플리케이션을 설치하지 않더라도 웹페이지에서 접속해 사용할 수 있는 오피스 프로그램을 일컫는다. 또한 클라우드를 내장한 오피스는 PC뿐만 아니라 클라우드 저장 공간에 파일을 보관할 수 있어, 모바일 및 태블릿PC에서도 연속적인 작업이 가능하다. 클라우드 폴더를 직장 동료들과 공유하면 더욱 생산적으로 협업할 수 있다.

그렇다면 클라우드를 내장한 비설치형 오피스에는 어떤 것이 있을까? 현재 모바일에서 가장 많이 사용하는 것이 '폴라리스 오피스'다. 폴라리스 오피스는 PC, 태블릿PC, 모바일, 웹페이지에서 다양한 문서를 확인하고 편집할 수 있는 오피스 프로그램이다. 폴라리스 오피스 모바일 앱은 전 세계 이용자가 8억 명에 달할 만큼 범용적인 서비스다.

특히 프레젠테이션 능력은 현대인에게 가장 필수적인 능력으로, 학교 과제 보고서 및 업무의 기획안 작성, 심지어 면접을 보러온 지원자들에게 프레젠테이션을 지참해 올 것을 요구하는 회사도 많아지고 있다. 모바일 기기로 양질의 프레젠테이션 자료를 만드는 것까지는 무리가 따를 수 있겠지만 급하게 프레젠테이션 개요를 짜야 할 경우나 지하철이나 버스로 이동하는 순간에 미리 작성된 프레젠테이션 자료를 보면서 메모할 수 있다.

앱스토어에서 '폴라리스 오피스'를 검색하여 앱을 설치한 후, 프레젠테이션을 작성하려면 [SLIDE]버튼을, 엑셀 문서를 작성하려면 [SHEET]버튼을 선택하면 된다.

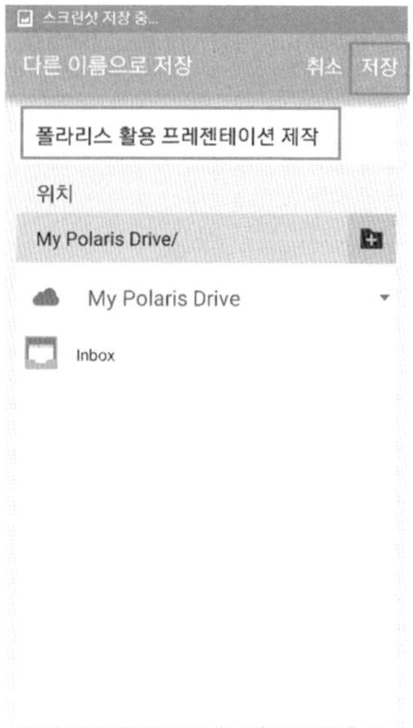

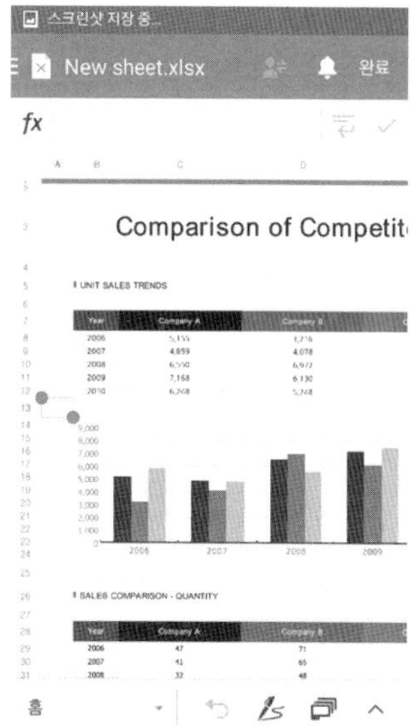

2) 다양한 무료 서식, 네이버 오피스

네이버도 모바일 업무 환경에 특화된 서비스를 제공하고 있다. '네이버 오피스'를 이용하면 셀, 폼, 슬라이드 등 다양한 문서를 작성할 수 있으며, N드라이브에 문서를 저장할 수 있다. PC에서 작업하던 문서를 스마트폰에서 수정하는 것도 가능하다. N드라이브 앱에서 파일 URL을 공유하면 직장 동료에게 간편하게 문서를 전달할 수 있다. 또한 네이버는 기업 사용자 메일, 캘린더, 주소록, 드라이브, 오피스 서비스를 한 번에 갖춘 '웍스 모바일'도 운영하고 있다.

네이버 오피스는 워드, 엑셀, 파워포인트와 같이 유료 프로그램과 달리 별도의 프로그램 설치 없이 인터넷만 연결되면 사용 가능하다. 웹브라우저에서 바로 문서를 작성할 수 있고 다양한 템플릿으로 문서를 쉽게 꾸밀 수 있는 장점이 큰 특징이다.

이처럼 다양한 기기에서 사용 가능한 클라우드 오피스는 앞으로도 점점 수요가 늘어날 것으로 보인다. 시간, 장소, 기기를 초월해 언제 어디서나 작업하는 것이 일상이 된 요즘, 클라우드 오피스는 생산성 향상을 위한 도구로 자리 잡을 수밖에 없다. 이미 많은 기업에서 비용 절감 및 업무 효율 증대를 이유로 클라우드 오피스를 도입하고 있다.

▲ PC에서 네이버 오피스 사이트에 접속한 화면

Tip ▶▶▶ 재능기부 블로그에서 무료 서식 이용하기

재능기부 블로그란 자신의 재능을 콘텐츠화해 블로그를 꾸미고 이 블로그를 공감하는 누리꾼들에게 정보를 제공하는 사이트다. 아래에 소개하는 사이트에서는 학업과 직무상황에서 유용하게 사용될 수 있는 프레젠테이션 기법과 무료 템플릿들을 구할 수 있다.

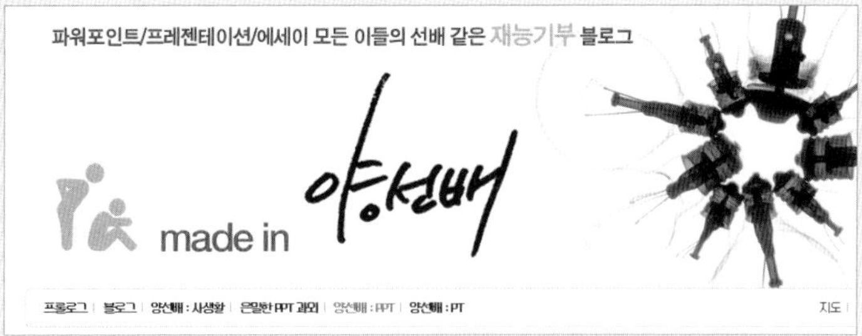

〈출처〉 양선배(http://ynr007.blog.me)

〈출처〉 EZ세상(http://ezworld.co.kr)

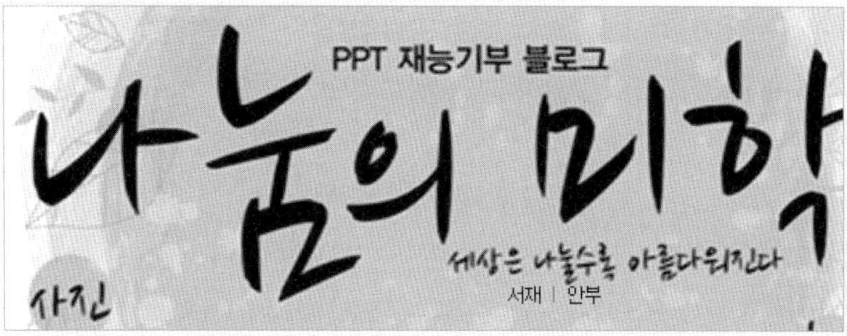

〈출처〉 책쟁이 ppt(http://blog.naver.com/dark861007)

〈출처〉 친절한 혜강씨(http://leehyekang.com)

4. 정보의 공유

스마트기기를 기반으로 소셜미디어의 광범위한 활용은 시간적, 공간적인 한계를 넘어 일방적인 정보전달에서 다방향적인 정보의 공유로 사람들의 정보활동에 많은 영향을 미치고 있다. 소셜미디어는 정보의 생산자와 소비자라는 경계를 뛰어넘어 이용자 자신의 고유한 경험이나 의견 혹은 다른 미디어에서 발견한 정보 등을 다른 사람들과 적극적으로 공유할 수 있는 효과적인 방안으로 인식되고 있다. 특히, 소셜미디어는 기존의 온라인 미디어의 영향력은 그대로 유지하면서, 사람들 사이의 직접적인 상호작용을 활성화하고 보다 많은 양질의 신뢰성 있는 정보를 공유할 수 있는 환경을 구축하고 있다.

클라우드 컴퓨팅이란 가상공간에서 모든 정보들이 공유되어 소프트웨어, 플랫폼, 인프라 환경 등을 사용자의 취향에 따라 실시간으로 활용할 수 있게 함으로써 정보의 통제와 관리, 검색 및 조정 과정이 혁신적인 수준으로 효율화되는 컴퓨팅 체제라고 할 수 있다. 클라우드 컴퓨팅 환경하에서는 서비스를 제공하는 원천이나 데이터 센터에서 진행되는 프로세스의 형태, 또는 유저의 단말기 종류 등에 상관없이 마치 자신에게 맞춤형으로 제작된 컴퓨터를 이용하는 것과 같은 효과가 있어, 궁극적으로는 IT component를 더 이상 소유할 필요가 없는 상황을 초래할 수도 있다.

클라우드 컴퓨팅이 지니고 있는 대표적인 유용성 몇 가지를 살펴보면 다음과 같다. 첫째, IT자원의 효율적인 활용이 가능하다. 이는 기업의 입장에서 특히 두드러진다. 각 기업에서 IT 시스템을 내부에 구축하는 데 드는 비용은 결코 만만치가 않다. 건물, 기계장치 등과 함께 대표적인 고정비에 해당하는 것이 IT시스템 구축비용이다. 특히 메모리, 서버 용량 등도 만약을 대비하여 버퍼를 두어야 하기 때문에 활용도는 항상 100%를 크게 밑돈다. 그러나 클라우드 컴퓨팅 서비스를 이용하면 막대한 IT시스템 구축비용을 변동비화할 수 있어, 필요한 만큼 사용하고 사용한 만큼만 비용으로 지불하면 된다. 게다가 버퍼를 둘 필요도 없으니 비용도 대폭 절감할 수 있다.

둘째, 언제 어디서나, 어떠한 단말기로도 원하는 정보나 자신의 데이터베이스에 접근할 수 있다. 고유의 아이디와 패스워드만 있으면, 공용단말기에서도 서버에 있는 정보에 접근하여, 이를 가공 후 다시 저장할 수 있게 된다. USB나 이동형 저장장치, 심지어는 노트북 등을 가지고 다닐 필요가 없게 되는 것이다.

셋째, 단말기의 경박단소화 및 배터리 사용 시간 증대가 가능해진다. 단말기 내에서 각종 프로세서 및 메모리가 사라지게 되어 얇고 가벼운 단말기의 제조가 가능해지고, 전력 소모가 많은 프로세싱 기능이 클라우드상에서 이루어지기 때문에, 한 번 충전 후 쓸 수 있는 배터리 시간도 대폭 늘어날 수 있다.

넷째, 이용자는 클라우드 컴퓨팅을 이용할 때 애플리케이션 등을 자신의 컴퓨터(단말기)에 저장해 두어야 할 필요가 없기 때문에 컴퓨터 관리가 쉽고 항상 최신의 애플리케이션을 이용할 수 있다. 또한 이용자가 컴퓨터 관리에 필요한 복잡한 기술이나 인프라에 대한 전문지식이 필요 없게 되어 누구든지 보다 쉽게 컴퓨터를 이용할 수 있게 된다.

요약하면, 클라우드 컴퓨팅이란 사용자가 네트워크를 통해 IT자원을 빌려 쓰는 형태로, 비용절감과 이용의 편리성 등 기존 시스템을 이용하는 것에 비해 많은 장점을 가지고 있다.

적용하기

스마트폰으로 동영상과 사진 촬영을 즐기는 친구를 간만에 만났다. 이 친구의 스마트폰엔 동영상과 사진으로 꽉 차 저장 용량 부족 메시지가 떠 있었다. "용량이 부족하면 드롭박스에 올려서 지워버리라"고 했더니 이 친구는 "그게 뭐냐?"고 되묻는다.
PC를 이용하면 스마트폰에 저장된 영상을 백업할 수 있으니 당분간은 여유로울 수 있다. 문제는 그때뿐이다. 이는 스마트폰의 용량 부족 문제만 해결해줄 수 있는 임시방편에 불과하다. 계속해서 스마트폰에 저장된 내용을 옮기면 언젠가 내가 이용하는 PC에서 용량 부족 현상이 벌어지는 딜레마에 빠질 수 있다. 이런 방법으론 근본적인 '용량 부족' 문제를 해결할 수 없다.

요즘엔 스마트폰과 태블릿을 모두 가지고 다니는 시대라 사용 중인 모든 장치에 똑같은 파일로 옮겨야 하는 귀찮은 일도 생긴다. PC에서 작업한 문서를 스마트폰에서 보거나, 스마트폰으로 편집한 문서를 태블릿으로 열어 이걸 가지고서 회의를 하자니 진저리가 난다. 복사 붙여넣기 하는 시간이 이렇게 번거로울 줄 몰랐다.
15년간 업무를 보며 1만 여 개의 문서를 파일로 보관하고 있는데, 언제든 내가 필요할 때 찾아보려면 기존에 했던 것과는 다른 방법으로 데이터를 저장해야 한다. 어떤 방법이 좋을까?

인터넷을 언제 어디서나 안정적으로 빠르게 이용할 수 있게 되면서 사진과 동영상 등을 다양한 기기에서 감상하거나 공유할 수 있는 클라우드 서비스에 주목하고 있다. 특히 스마트폰과 태블릿PC 등으로 사진이나 영상, 데이터를 모두 동기화시킬 수 있다는 점은 클라우드 서비스가 가지는 큰 장점으로 꼽힌다. 예를 들어 PC에서 작업하던 업무 파일을 이동 중 스마트폰을 통해 열람하거나, 태블릿PC 등을 통해 수정할 수도 있다. 그렇다면, 각자 스마트폰의 저장 공간이 어느 정도인지 설정메뉴로 들어가서 "저장공간"으로 들어가면 사용 가능한 저장공간까지 확인할 수 있다. 또한 "내 파일"메뉴로 들어가면 스마트폰에 저장되어 있는 이미지, 동영상, 오디오, 문서 등 어떤 종류의 자료가 많은지도 살펴볼 수 있다. 개인의 중요한 문서나 업무에 꼭 필요한 문서들은 네이버 클라우드, 드롭박스와 같은 클라우드 서비스를 이용하여 백업을 해두는 것이 안전하다.

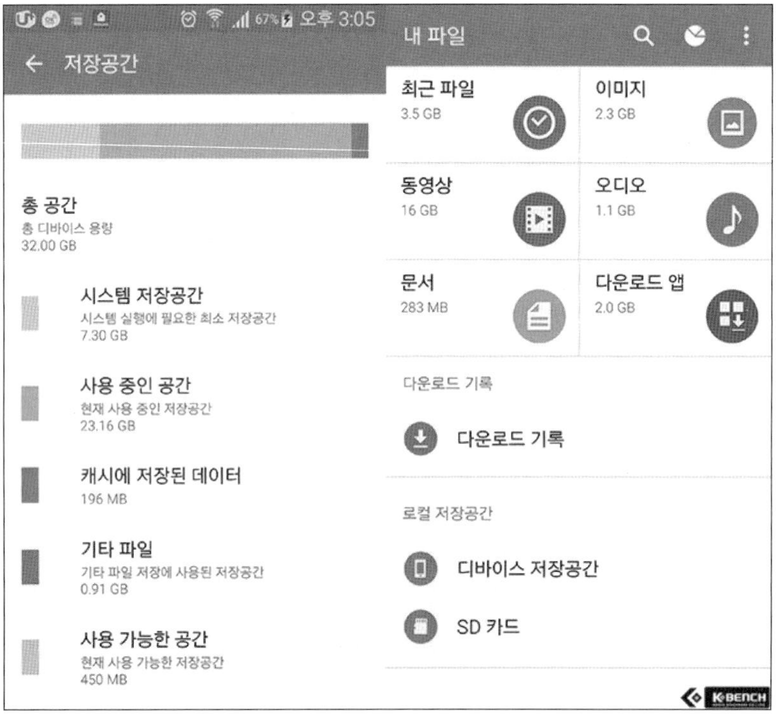

다양한 클라우드 서비스의 대표적인 예로는 네이버 클라우드가 있다. 네이버 아이디만 있으면 누구나 사용할 수 있는 무료 클라우드 서비스로 기본 용량은 30GB다. 다음으로 구글 드라이브는 온라인 생산성 도구인 구글 문서, 스프레드시트, 슬라이드 편집뿐만 아니라 가상저장 공간의 역할을 수행하기도 한다. 언제 어디서나 이동하는 중간에도 스마트기기를 통해 새로운 문서의 작성부터 기존 문서의 편집, 자료 열람이 가능하여 협업을

위한 업무 생산성 도구로 자리매김하고 있는 구글 드라이브에 대해 살펴보자.

① PC에서 구글계정으로 로그인한 후 '내 드라이브'에 접속한다.
② 팀원들에게 공유할 파일을 업로드하고 '공유'설정에서 공개여부를 선택한다.
③ 자료의 공유링크 주소를 배포하여 팀원의 자료가 보이는지 확인한다.

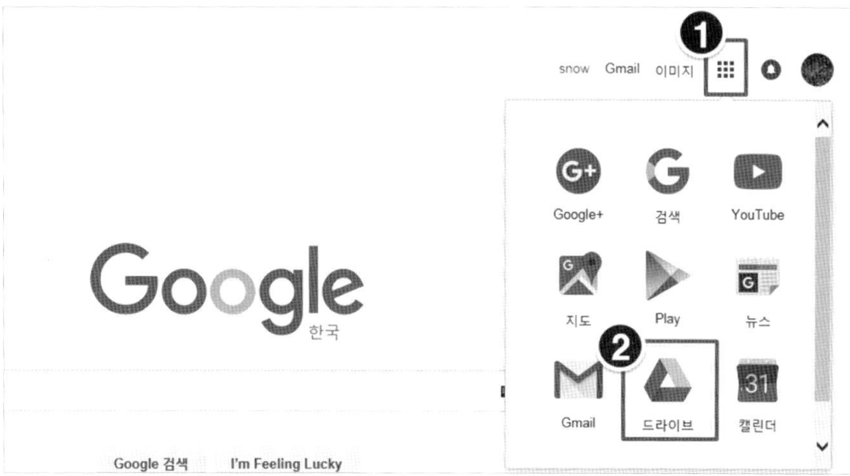

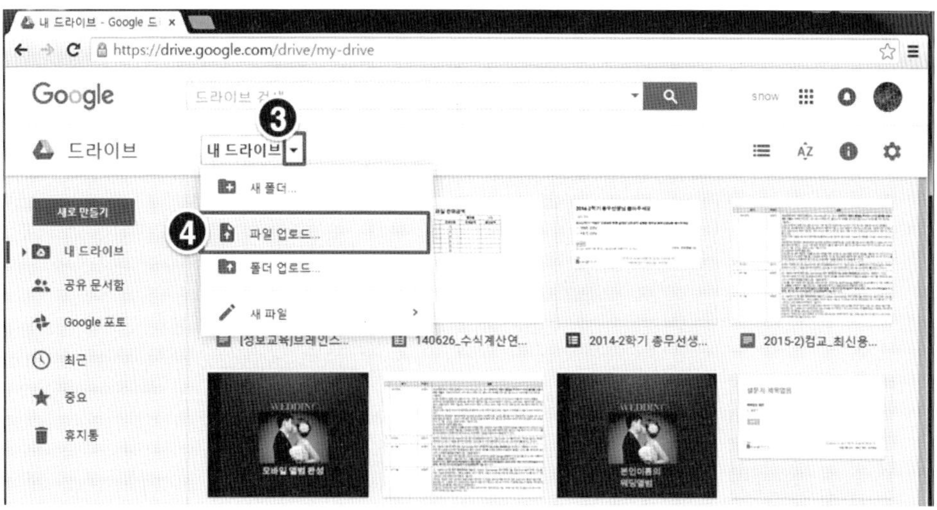

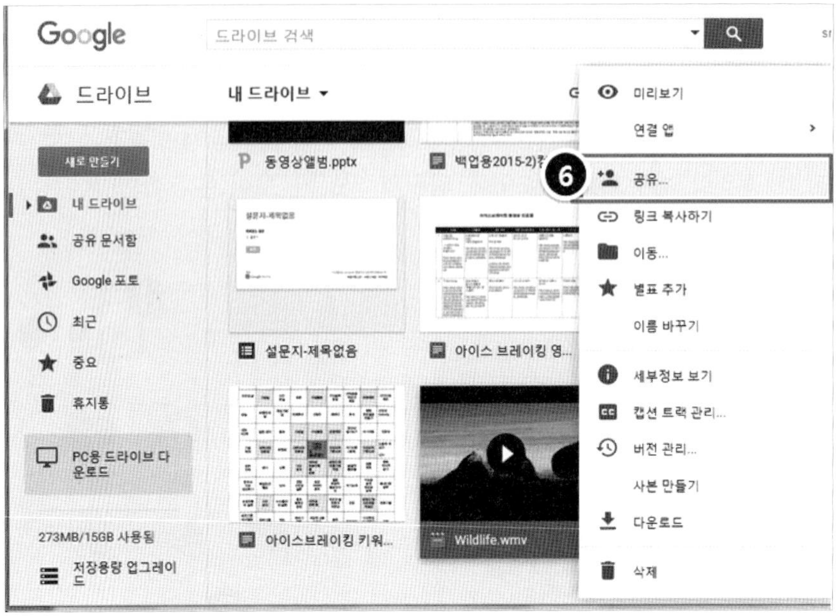
Google
드라이브 검색
드라이브
내 드라이브
새로 만들기
내 드라이브
공유 문서함
Google 포토
최근
중요
휴지통
PC용 드라이브 다운로드
273MB/15GB 사용됨
저장용량 업그레이드
동영상앨범.pptx
설문지-제목없음
아이스 브레이킹 영...
아이스브레이킹 키워...
Wildlife.wmv
미리보기
연결 앱
6
공유...
링크 복사하기
이동...
별표 추가
이름 바꾸기
세부정보 보기
캡션 트랙 관리...
버전 관리...
사본 만들기
다운로드
삭제

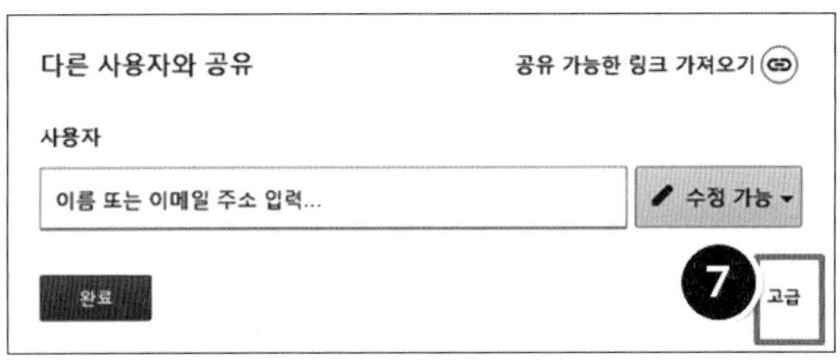
다른 사용자와 공유
공유 가능한 링크 가져오기
사용자
이름 또는 이메일 주소 입력...
수정 가능
완료
7
고급

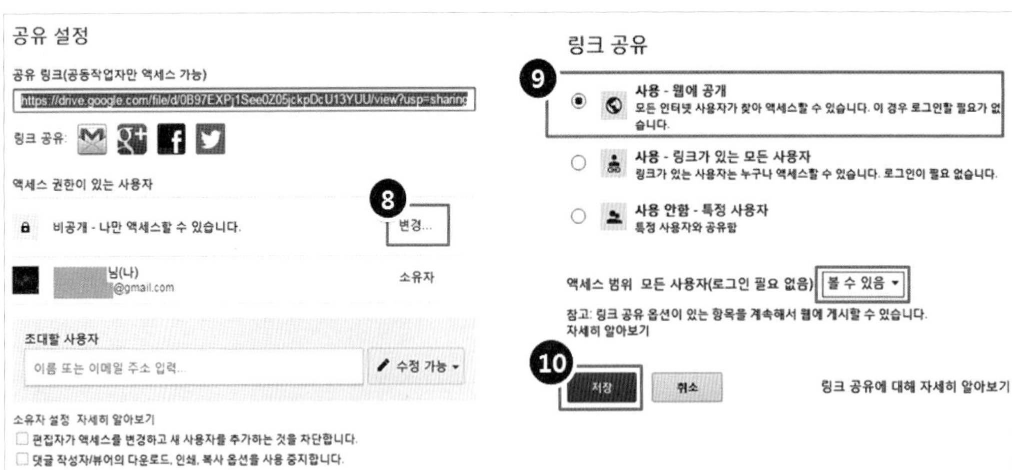
공유 설정
공유 링크(공동작업자만 액세스 가능)
https://drive.google.com/file/d/0B97EXPj1See0Z05jckpDcU13YUU/view?usp=sharing
링크 공유:
액세스 권한이 있는 사용자
8
비공개 - 나만 액세스할 수 있습니다.
변경...
님(나)
@gmail.com
소유자
초대할 사용자
이름 또는 이메일 주소 입력...
수정 가능
소유자 설정 자세히 알아보기
편집자가 액세스를 변경하고 새 사용자를 추가하는 것을 차단합니다.
댓글 작성자/뷰어의 다운로드, 인쇄, 복사 옵션을 사용 중지합니다.
링크 공유
9
사용 - 웹에 공개
모든 인터넷 사용자가 찾아 액세스할 수 있습니다. 이 경우 로그인할 필요가 없습니다.
사용 - 링크가 있는 모든 사용자
링크가 있는 사용자는 누구나 액세스할 수 있습니다. 로그인이 필요 없습니다.
사용 안함 - 특정 사용자
특정 사용자와 공유됨
액세스 범위 모든 사용자(로그인 필요 없음)
볼 수 있음
참고: 링크 공유 옵션이 있는 항목을 계속해서 웹에 게시할 수 있습니다.
자세히 알아보기
10
저장
취소
링크 공유에 대해 자세히 알아보기

공유 설정
공유할 링크
11
https://drive.google.com/file/d/0B97EXPj1See0Z05jckpDcU13YUU/view?usp=sharing
링크 공유:
액세스 권한이 있는 사용자
웹에 공개 - 인터넷의 모든 사용자가 찾아서 볼 수 있습니다.
변경...
님(나)
@gmail.com
소유자
초대할 사용자
이름 또는 이메일 주소 입력...
수정 가능
소유자 설정 자세히 알아보기
편집자가 액세스를 변경하고 새 사용자를 추가하는 것을 차단합니다.
댓글 작성자/뷰어의 다운로드, 인쇄, 복사 옵션을 사용 중지합니다.
12
완료

Tip ▶▶▶ 공유링크 주소 QR코드로 간편하게 전달

구글 드라이브에 들어있는 자료를 공유하기 위해 설정을 한 후 링크주소를 보면 너무 길어 SMS문자를 보내거나 직접 URL주소를 입력하기에는 무리가 따른다. 이때! 접속하고자 하는 URL주소가 긴 경우, URL을 단축하거나 QR코드를 만들어서 정보를 전달할 수 있다.

단축 URL을 만들어주는 사이트는 많이 있으나 QZ코드 생성과 함께 주소를 짧게 줄여주는 네이버 단축 URL서비스를 이용하면 편리하다.

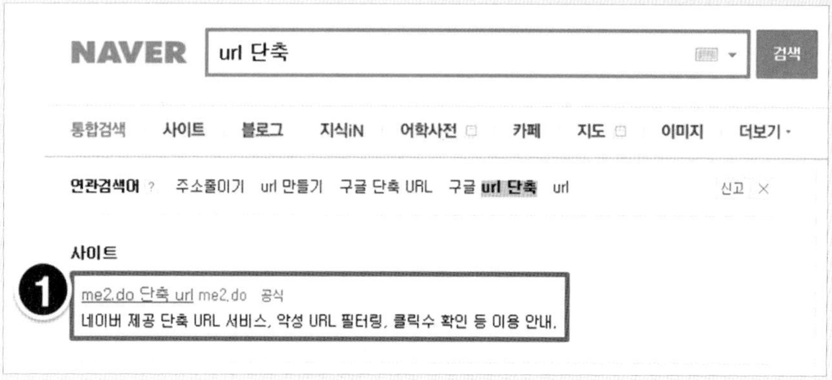

※ 단축 URL주소는 영어대소문자를 구별하여 인식하므로 정확하게 입력해야 함을 기억해두자.

심화하기

우리는 일반적으로 우편물, 팩스 그리고 이메일 등의 방법으로 자료를 발송한다. 그런데 우편물은 출력물을 디자인하고 자료를 만들어 출력해 보내더라도 반송되거나 아예 개봉도 하지 않고 폐기될 수 있으며, 팩스는 수신율이 떨어지거나 담당자에게 제대로 전달되지 않는 경우가 종종 발생하게 된다. 이메일은 스팸처리만 되지 않는다면 보내기도 편하고 고객들도 쉽게 접근이 가능하기 때문에 자료 전달의 대안으로 많이 활용되고 있다. 특히, 최근에는 스마트폰을 이용해 이메일을 외부에서 확인하고 자료를 전송하는 사례가 늘고 있다.

그리고 다양한 경로를 통해 정보를 수집하고, 수집된 정보를 기록하거나 정리하다 보면 노트북에 있는 자료를 스마트폰으로 전송하거나 스마트폰으로 촬영한 사진, 동영상을 PC에 전송해야 하는 경우가 발생할 수 있다. 이때 이메일로 파일을 첨부하거나 클라우드 서비스(네이버 클라우드, 구글 드라이브, 드롭박스 등)를 이용할 수도 있지만 특정 서비스에 로그인 없이 이용할 수 있는 유용한 앱인 Send Anywhere를 활용할 수 있다. Send Anywhere는 다양한 디지털 기기 내의 각종 형태의 동영상, 문서, 이미지 등의 파일을 순식간에 전달해주는 역할을 한다. 스마트기기에서는 Send Anywhere 앱을 설치한 후 파일을 전송하거나 받을 수 있고, PC일 경우에는 Send Anywhere 홈페이지(Send-Anywhere.com)에서 작업해야 한다. 별도의 회원가입 또는 로그인 절차 없이 이용할 수 있으며 스마트폰에서 일반 PC로, 내 PC에서 스마트폰으로 양방향 전송이 가능한 장점이 있다.

Send Anywhere의 사용 시 다음 절차를 따른다.

① 스마트폰에서 Send Anywhere 앱을 설치하고 실행한 후 [보내기]버튼을 터치한다.

② 보내고자 하는 사진, 오디오, 비디오, 연락처 등의 파일을 선택하고 [다음]버튼을 터치한다.

③ 전송에 필요한 보안키(숫자키)가 생성되고, 숫자키를 보내고자 하는 기기에 입력하면 전송이 완료된다.

이때, PC에서 파일을 내려받을 때에는 샌드-애니웨어 사이트(send-anywhere.com)로 접속해서 숫자키를 입력하고 [받기]버튼을 누르면 진행된다.

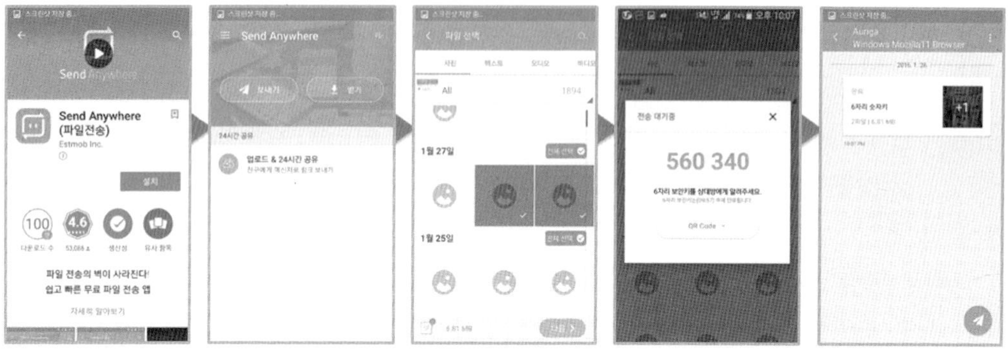

▲ 스마트폰에서 Send-Anywhere 앱 접속 화면

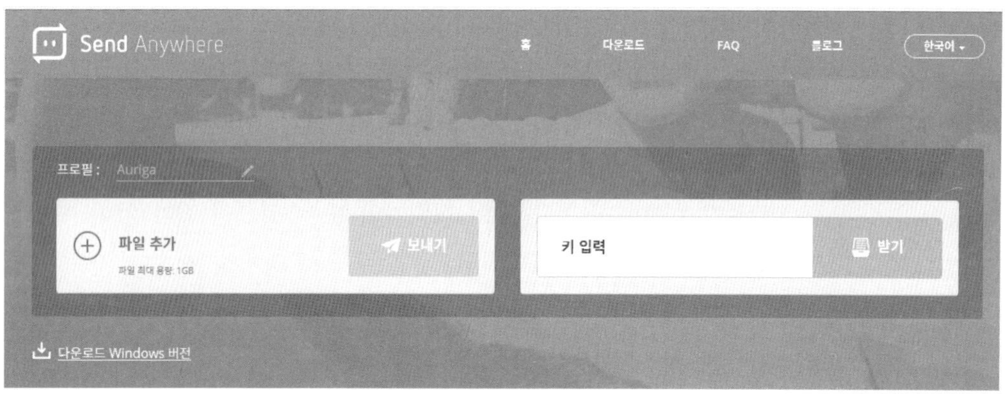

▲ PC에서 Send-Anywhere 사이트 접속 화면(https://send-anywhere.com)

3장 종합하기

01 클라우드 컴퓨팅의 개념이 무엇인지 설명하시오.

02 IT시대인 오늘날 업무를 하다 보면 점점 자료가 많아지는 것은 보편적인 현상이다. 자료가 쌓여감에 따라 PC를 구매할 때 큰 용량이라고 생각했던 하드디스크는 어느새 부족함을 느끼게 된다. 그러나 더 결정적인 문제는 자주 이용하는 폴더는 쉽게 찾을 수 있지만 자주 들어가지 않는 자료는 찾기가 힘들다는 것이다. 심지어 어떤 폴더는 무슨 자료가 들어있는지 헷갈리기도 한다. 점점 일이 다양해지고 복잡해지는 시대에 자료를 효율적으로 관리할 수 있는 방법은 무엇인지 토론하시오.
만약, 자료를 효율적으로 관리, 검색, 활용할 수 있게 도와주는 최적의 툴이 있다면 무엇인지 조사하여 발표하시오.

03 다음 사례를 읽고, 전달하고자 하는 핵심 내용이 무엇인지 CRF 기법을 이용하여 정보를 요약하시오.

스티브 잡스의 친구들은 그가 어렸을 때부터 디테일에 집착하고 완벽주의 성향이 있었다고 말한다. 잡스는 어릴 때부터 여유시간이 생기면 주차장을 돌아다니며 BMW, 포르셰, 벤츠 등의 차량이 어떻게 변화해 가는지 꼼꼼히 관찰하곤 했다. 이런 습관은 그가 나중에 더 훌륭한 제품을 설계하는 데 많은 도움이 되었다. 실제로 그는 매킨토시 개발 회의 중 자동차를 예를 들어 설명하기도 했다. "최근 몇 년 동안 벤츠는 외형적으로 더 유연하고 유려해진 한편 디테일한 부분에서는 훨씬 엄격해졌습니다. 매킨토시도 그러한 경지에 올라야 합니다."

디테일에 강한 사람은 아무리 사소한 일이라도 자신이 설정한 엄격한 기준대로 일을 완벽에 가까운 수준까지 몰아 붙인다. 그 결과 기대를 뛰어넘는 성과를 만들어내며 누구에게나 신뢰받는 사람이 된다. 이렇게 디테일에 강해지려면 어떻게 해야 할까.

첫째, 생각하며 일하라. 예컨대 식당 점원의 경우 손님이 요청한 주문을 제대로 잘 서빙한다고 해서 디테일이 강해지지 않는다. 손님의 입맛을 기억했다가 좋아할 만한 신메뉴를 추천하고, 손님이 요청하기 전에 떨어진 반찬을 갖다 주는 등 사소하지만 세심하게 고객을 배려하면 그는 그 식당에서 '최고의 점원'이 될 수 있다. 이렇게 계속 디테일에 집중해서 차이를 만들어내면 어느새 그는 그 식당의 매니저가 돼 있을 것이다.

둘째, 성실함을 뛰어넘어 디테일에 몰입하라. 직장생활을 오래 한 사람은 많다. 그러나 자기 분야의 전문가가 된 사람은 적다. 왜 그럴까. 그것은 일을 할 때 디테일까지 치밀하게 파고들지 않고 비슷한 경험을 습관적으로 반복해왔기 때문이다. 차별화된 전문성은 그저 남들과 같은 수준으로 업무를 처리하는 성실함만으로는 쌓이지 않는다. 디테일에 대한 몰입으로 그 업무를 탁월하게 해낼 수 있어야 한다.

이렇게 쌓인 전문성은 은퇴 시점까지 지속적으로 상승세를 타는 특징이 있다. 일에 대한 다양한 경험으로 스스로를 발전시키며 내공이 더욱 강해지는 것이다. 경력은 단순히 물리적인 시간이 흘러 연차가 높아졌다고 쌓이는 것이 아니다. 일을 구성하는 디테일 요소에 하나하나 정성을 다함으로써 업에 대한 전문성이 질적으로 달라질 때 경력이 제대로 쌓인다.

남들과 다른 차이를 만들고 싶다면? 열심히 성실하게 하는 것으로는 부족하다. 디테일을 고민하고 정성을 다해 몰입하라. 업무의 디테일, 관계의 디테일, 소통의 디테일에서 끊임없이 마지막 1%를 추구하는 열정이 남다른 차이를 만들어낼 것이다.

〈출처〉 http://m.blog.naver.com/hs_group/90188853708

[C] 결론(주장)	
[R] 이유(근거)	
[F] 증거 (사실, 데이터)	
[CRF 종합] 핵심 요약	

Memo

4장

정보활용

1. 인터넷 활용
2. 소셜미디어 활용
3. 모바일 서비스 활용

4장 정보활용

소 개

이 장에서는 정보 수집, 표현, 공유의 도구 인터넷을 활용하여 빠르고 효과적인 고급 검색팁과 소셜미디어를 통해 정보를 전달하고 소통하기 위한 온라인명함, 홍보영상 제작 및 모바일 홈페이지 구축방법에 대해 학습한다.

학습목표 직장생활에서 필요한 정보를 효과적으로 검색하고 업무수행에 필요한 정보활용방법으로 자료를 제작하여 정보를 공유할 수 있다.

학습내용

- **지식** : 인터넷 활용 기술 용어, QR코드 개념
- **기술** : 확장프로그램 설치 및 활용, QR코드에 담긴 정보 확인 및 전달 방법, 모바일 홈페이지 구축, 온라인 설문조사 실시
- **상황** : 인터넷 서비스를 이용하여 각종 자료를 검색할 경우, 프레젠테이션에 필요한 자료를 제작할 경우, 네트워크를 이용하여 직원과 자료를 공유할 경우, 정보를 조사하고 결과를 분석하여 보고할 경우

1. 인터넷 활용

일반적으로 '인터넷 서핑'이란 웹브라우저(web browser)를 통해, 네트워크로 전송된 HTML(HyperText Markup Language) 문서를 읽는 행위를 말한다. 이런 형태는 WWW(World Wide Web) 서비스가 처음 탄생한 1991년부터 지금까지 이어져오고 있다.

시간이 지나면서 단순한 텍스트 외에도 동영상이나 음악을 감상하고, 은행 업무를 하는 등 다양한 인터넷 이용 형태가 등장했다. 인터넷 활용 기술들을 소개하면 다음과 같다.

클라우드(cloud)란 영화, 사진, 음악 등 미디어 파일, 문서, 주소록 등 사용자의 콘텐츠를 서버에 저장해두고 스마트폰이나 스마트TV를 포함한 어느 기기에서든 다운로드 후 사용할 수 있는 서비스 또는 이를 구성하는 기술이다. 이를 통해 인터넷에 연결된 단말

기만 있으면 언제, 어디서나 파일 저장, 공유, 문서 작성 등의 다양한 서비스를 쉽고 편리하게 이용할 수 있다.

SNS(social networking service)란 인터넷에서 불특정 타인과 소통할 수 있는 환경을 제공해주는 서비스 또는 그것을 구현하는 기술을 의미한다. 사용자들은 SNS를 통해 인맥을 새롭게 쌓거나 기존 인맥과의 관계를 강화시키는데, 이는 관심사가 비슷한 타인과 소통하고 본인의 존재와 가치를 인정받고 싶은 인간의 본능과 밀접한 관련이 있다.

블루투스(bluetooth)는 휴대전화, 노트북, 이어폰 및 헤드폰 등의 휴대용 디지털 기기를 서로 연결해 정보를 교환하는 근거리 무선 통신 규약(protocol)을 뜻한다. 주로 10미터 안팎의 근거리에서 저전력 무선 통신을 할 때 활용하는 서비스 또는 기술로, 통신 거리가 짧다. 송신자와 수신자의 관계가 단순한 경우에만 사용할 수 있다는 것이 단점이다.

핫 스팟(hot spot)은 무선 공유기와 같은 액세스 포인트를 제공하는 교환 장치를 이용해 인터넷 접속이 가능한 지역을 뜻한다.

와이파이(Wi-Fi)는 무선 인터넷 공유기와 같은 액세스 포인트(AP)와 노트북, 스마트폰과 같은 디지털 기기 간의 무선 통신을 지원하는 서비스 또는 이를 구성하는 기술을 뜻한다. 와이파이 서비스를 이용하려는 디지털 기기는 TCP/IP 프로토콜 기반의 무선 통신이 가능해야 하며, 인터넷에 연결된 액세스 포인트에 접속해야 한다. 액세스 포인트는 가까운 거리에 있는 디지털 기기를 무선으로 연결하여 네트워크를 구성할 때 사용하는 장비로, 유선 네트워크의 허브와 같은 역할을 한다.

IP(Internet Protocol)는 인터넷상의 한 컴퓨터에서 다른 컴퓨터로 데이터를 보낼 때 사용하는 프로토콜이다. 이 프로토콜에 따라 인터넷의 각 컴퓨터, 즉 호스트는 다른 컴퓨터와 구별되도록 고유한 주소를 적어도 한 개 이상 가진다. 현재 IP주소는 버전4(IPv4)로, 네 조각으로 나눈 번호가 최대 12자리다. 예를 들면 '210.113.39.224'와 같은 방식이다. 32비트 IPv4는 최대 약 40억 개의 서로 다른 주소를 부여할 수 있다. 그러나 기하급수적으로 늘어나는 사용자 수요를 감안할 때, 현재 사용하는 IPv4 체계로는 계속 늘어나는 수요를 충족시킬 수 없다. IPv6주소는 128비트 체계로 구성되며, 128비트를 16비트씩 8부분으로 나누고 각 부분을 콜론(colon, ' : ')으로 구분하여 표현한다. 따라서 훨씬 더 많은 IP를 사용할 수 있다.

3G와 4G, LTE 등은 모두 스마트 기기와 같은 모바일 디지털 기기를 위한 데이터 통

신에서 사용되는 네트워크를 뜻한다. 3G(3rd Generation)와 4G(4th Generation)는 데이터를 주고받을 수 있는 대역폭(band width)의 차이에 따라 전송 속도가 눈에 띄게 향상되었음을 나타내는 상징적인 개념이다. 4G와 LTE의 대역폭이 3G보다 크고, 데이터 전송 속도도 약 1,000배 이상 빠르다고 알려져 있다.

LTE(long term evolution)는 통신 상황에 따라 3G와 4G 기술을 혼용하여 적용시키는 기술을 뜻한다. 대역폭이 넓고 빠른 4G라도 사용자가 많아지면 속도가 느려질 수밖에 없다. LTE는 통신 용량이 작은 음성이나 문자 데이터 통신에는 3G 네트워크를 이용하고, 대용량 멀티미디어 데이터 통신에는 4G 네트워크를 이용하도록 적용시킨 기술이다. 이 기술로써 기존 3G망의 활용도도 높이고, 4G망의 안정성도 확보했다고 할 수 있다.

LTE-A(advanced)는 4G 네트워크와 동의어다. LTE가 3G와 4G를 혼용한 3.9세대 이동 통신 기술임에 반해 LTE-A는 4G 네트워크만을 사용하거나, 4G 네트워크의 사용 비율을 높인 4세대 이동 통신 기술이다.

▼ 각 세대별 이동통신 규격의 특징

	1세대	2세대	3세대	4세대	5세대
기간	1988~99년	1996년~현재	2002년~현재	2014년~현재	2020년~
접속 방식	아날로그	GSM, CDMA	WCDMA, CDMA 2000, 와이브로	LTE/LTE-A, 와이브로-에볼루션	-
전송 속도	14.4Kbps	144Kbps	144Kbps~62Mbps	100Mbps~1Gbps	1Gbps
사용 데이터	음성	음성, 문자	음성, 문자, 멀티미디어, 인터넷, 화상통화	음성, 데이터, 인터넷, 실시간 동영상	홀로그램, 입체영상, 사물인터넷 등
다운로드 속도 (800MB 동영상)	기능 없음	약 6시간	약 7분 24초	약 85초~6초(이론상)	약 0.1초
상용화 시기	1984년	2000년	2006년	2011년	2020년

〈출처〉 스마트 시대의 멀티미디어, 김용태, 박길철, 2014.

2020년 상용화 예정인 5G는 현재 우리가 쓰는 4세대 이동 통신인 '광대역 LTE-A'보다 데이터 전송 속도가 100배 가량 빠른 첨단 기술이다. 현재 4G 통신망은 800MB 영화 한 편을 다운받는데 평균 40~50초 정도가 걸리는데 5G 시대에는 1초 이내로 줄어든다. 짧은 시간에 막대한 양의 데이터를 보내고 받는 '홀로그램 영상 통화', '증강 현실(AR)' 등의 첨단 기술을 일상적으로 쓸 수 있게 된다.

또한 데이터 트래픽 수용 능력이 폭발적으로 증가하여 4G대비 1,000배 가까이 되고, 디바이스 개수의 수용 능력은 10~1000배로, 1ms(0.001초) 이내의 단대단 지연 시간(End-to-End Latency)을 자랑하게 되어 4G 시대보다 효율적으로 에너지와 데이터를 관리할 수 있을 것으로 예상된다.

5G 기술이 상용화되면 웨어러블 기기가 스마트폰을 대체하고, 실질적인 스마트 워크의 실현과 입체 영상 회의 등 다양한 글로벌 비즈니스 환경이 구축되며, 가정에서 3D 대형 화면으로 실감형 공연 관람과 홀로그램 모바일 TV 등을 제공받을 수 있게 된다. 또한 개인형•맞춤형 실감 서비스를 통한 새로운 라이프 스타일은 물론, 모든 사람이 Giga급 네트워크를 기반으로 시공간의 제약 없이 디지털 정보를 유통 및 서비스할 수 있는 시대가 열리게 될 것이다.

사물과 사물이 무선인터넷으로 연결되어 스스로 상태를 확인하고 작동시킬 수 있게 하는 사물인터넷(IoT, Internet of Things)은 5G 환경이 필수적이라고 할 수 있는데 가전제품, 전자기기뿐만 아니라 헬스케어, 스마트홈, 스마트카 등 다양한 분야에서 사물인터넷이 적용되고 있다. 사물인터넷에 연결되는 사물들은 자신을 구별할 수 있는 유일한 아이피를 가지고 인터넷으로 연결된다. 따라서 외부 환경으로부터의 데이터 취득이 가능하다. 반면 모든 사물이 해킹의 대상이 될 수 있다는 취약점을 가지고 있기도 하다.

적용하기

전 세계적으로 가장 많이 이용되고 있는 웹브라우저는 익스플로러지만 2008년 구글이 개발한 크롬 브라우저가 검색이 빠르고 안정적인 성능을 보이면서 사용자가 크게 늘고 있다.

크롬 브라우저의 장점은 네이버나 다음 같은 포털 사이트나 주요 커뮤니티 등에 접속할 때 배치되는 플래시 기반의 광고가 보이지 않거나 클릭해야 보이게끔 설정 가능하다는 것이다. 불필요한 노출을 줄이므로 쾌적한 속도로 인터넷 탐험을 즐길 수 있다.

또 다른 특징은 추가 애플리케이션 설치를 통한 기능 확장이다. 크롬 브라우저는 기능 확장을 위한 앱스토어를 보유하고 있다. 사용자는 필요한 애플리케이션을 내려받아 설치한 다음 사용자의 필요한 기능에 맞추어 유용하게 활용할 수 있다. 크롬 브라우저에서 효과적으로 쓸 수 있는 확장프로그램을 소개하면 다음과 같다.

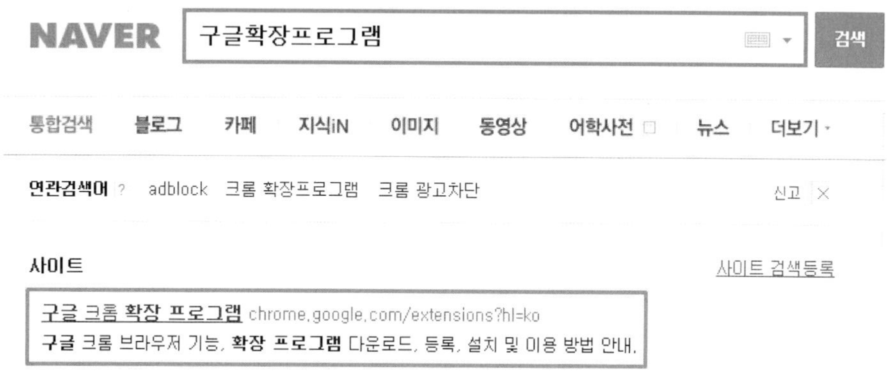

1) 광고를 차단하는 Adblock Plus

애드블록 플러스는 애플리케이션의 광고 차단을 목적으로 하는 확장프로그램이다. 특히, 유튜브 동영상 광고나 페이스북 광고, 배너 등을 차단해주는 기능을 가지고 있다.

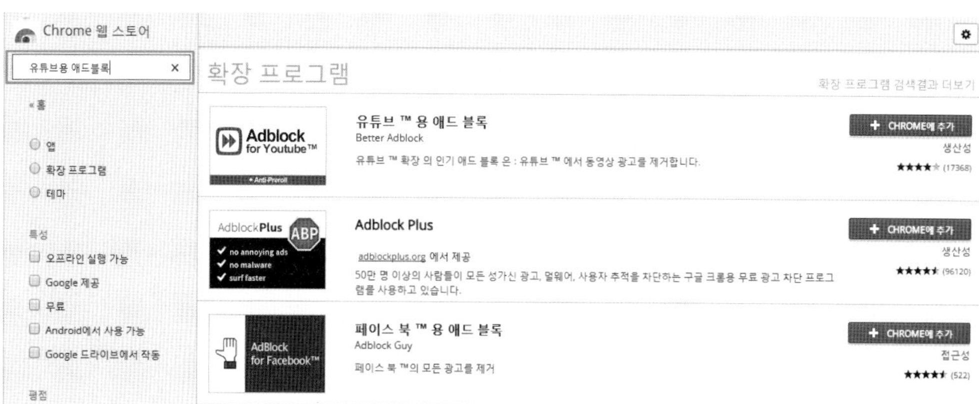

2) 편의기능을 제공하는 Pig Toolbox

편의기능을 원하는 사람들에게 제공하는 확장프로그램이다. 마우스 제스처, 마우스 휠 제스처, 사용자 지정 우클릭 메뉴, 사용자 지정 단축키 등을 제공하고 있다. 특히, 우클릭 막힘 풀기와 탭을 더블클릭 시 탭 닫기 등 웹브라우저에서 운용되는 정보들을 효율적으로 확인 및 관리할 수 있다.

3) 자료정리 Pocket

포켓은 디지털 자료를 저장하고 공유할 수 있는 웹 저장소다. 학업 또는 업무를 위한 뉴스 기사, 보고서 자료, 이미지, 동영상 등의 URL 주소를 저장하고 공유할 수 있는데 회원가입을 하면 스마트폰에서도 포켓 어플을 설치하여 PC에서 저장한 디지털 자료를 연동하여 확인할 수 있다.

2. 소셜미디어 활용

최근 소셜미디어의 이용이 확산되면서 일상생활에서뿐만 아니라 직장생활에서도 적극적으로 활용되고 있다. 소셜미디어는 인터넷의 대중화와 스마트폰의 등장으로 디지털 사진, 오디오, 동영상 등을 활용한 사이버 공간에서의 정보 생산과 소비시장이 구축되면서 활발하게 이루어지고 있다. 소셜미디어는 크리스 쉬플리(Chris Shipley, 가이드와이어그룹 창업자)가 Bolgon 2004 Conference(UC Berkeley, Hass 경영대학원이 주최한 컨퍼런스)에서 최초로 언급하였는데 사람들이 자신의 생각과 의견, 경험, 관점 등을 서로 공유하고 참여하기 위해 사용하는 온라인 툴과 미디어 플랫폼을 의미한다. 그것은 수많은 개인들의 경험과, 지식, 정보를 쌍방향으로 생산·소비하는 구조로 가장 대표적인 소셜미디어로는 블로그, SNS(소셜 네트워크 서비스), 위키, UCC, 마이크로블로그 등이 있다. 이처럼 소셜미디어는 누구나 접근이 용이하게 공개되어 있으며, 콘텐츠 생산에 전문적인 기술이 필요 없고, 수정 기술로 누구나 참여할 수 있다는 장점이 있다. 따라서 소셜미디어는 정보전달의 신속성과 공유 주체의 일상성과 개별성을 가지며, 정보의 개방성과 네트워크의 구축이 용이하다고 볼 수 있다.

소셜미디어의 효과적인 활용을 위해서는 각종 소셜미디어 채널들의 특성에 대한 정확한 이해를 통하여 각 채널에 맞는 활용전략을 마련할 필요성이 있다. 다음은 소셜미디어를 통해 소통할 수 있는 정보를 제작 및 활용해보고자 한다.

1) QR코드를 활용해 온라인 명함 제작하기

사각형의 가로세로 격자무늬에 다양한 정보를 담고 있는 2차원(매트릭스) 형식의 코드로, 'QR'이란 'Quick Response'의 머리글자이다. 1994년 일본 덴소웨이브사(社)가 개발하였으며, 덴소웨이브사가 특허권을 행사하지 않겠다고 선언하여 다양한 분야에서 널리 활용되고 있다.

QR코드를 활용한 정보 서비스의 제공은 오프라인과 온라인을 넘나들며 이루어진다. 예를 들어 종이잡지에 나온 모 제품의 QR코드에 스마트폰을 갖다 대면 그 제품의 웹사이트로 연결되어 생산·유통·가격 정보 등 각종 상품 정보와 이벤트 정보, 쿠폰 혜택 등을 얻을 수 있고, 스포츠 경기나 영화 포스터의 QR코드를 스캔하면 홍보동영상 및 사진 정보, 할인권 및 입장권 정보, 영화관 또는 경기장 정보 등을 받을 수 있는 식이다. 특히, 대중화된 첨단 IT 매체를 이용, 손쉽게 행정 정보를 서비스 받을 수 있어 앞으로도 많은 호응이 예상된다.

QR코드 제작은 개인 또는 기업대표가 명함에 고유의 QR코드를 부착함으로써 자신을 소개할 수 있고, 블로그·트위터 또는 오프라인 광고지에 QR코드를 삽입하여 홍보할 수 있다. 다음은 개인의 이름과 연락처를 QR코드에 담아 나만의 명함으로 표현해보자.

① 네이버 QR코드 사이트(http://qr.naver.com)로 접속한다.
② 상단에 있는 [코드생성]메뉴 또는 [나만의 QR코드 만들기] 메뉴를 클릭한다.

③ QR코드생성의 첫 번째 단계로 코드 제목, 코드 스타일(테두리 컬러 및 스킨 선택), 문구 삽입을 입력한다.

④ '공개코드로 내보내기' 옵션을 체크한 후 [다음단계]버튼을 클릭한다.

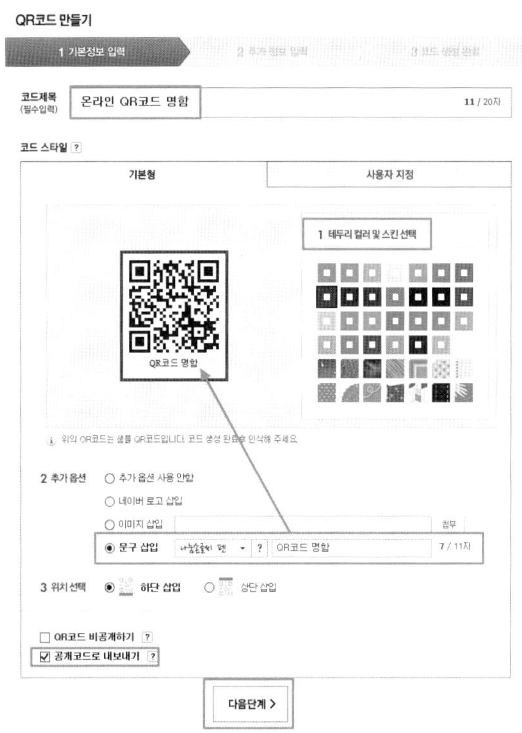

⑤ 추가 정보 입력 단계에서는 [원하는 정보 담기]를 선택하고 소개글, 이미지, 동영상, 연락처를 입력한다. [링크로 바로 이동] 옵션을 선택하는 경우, 입력한 URL주소로 바로 이동하게 된다.

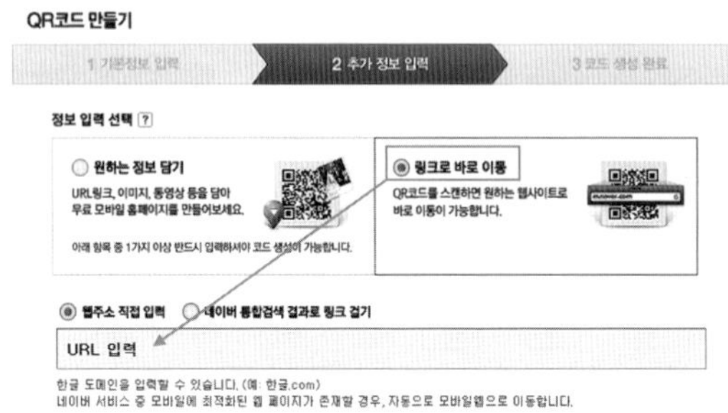

⑥ 명함에 들어갈 정보(텍스트, 이미지, 동영상, 위치, 연락처)를 입력하고 [작성완료]버튼을 클릭한다.

⑦ [코드저장]버튼을 클릭하여 확장자와 사이즈를 선택하여 저장하면 완성된 QR코드를 확인할 수 있다.

⑧ [내 코드관리]메뉴에서 내가 작성한 QR코드의 목록과 조회수, 방문자수 등을 확인할 수 있고, 기존의 QR코드 내용 수정과 코드저장을 할 수 있다.

Tip ▶▶▶ QR코드 명함관리 애플리케이션 '리멤버'

리멤버는 국내 대표적인 명함관리 앱이다. 앱을 실행시켜 명함을 사진 찍으면 업체 사람이 이를 입력, 앱을 통해 관리할 수 있다. 디지털과 아날로그를 결합해 기존 OCR(광학문자인식) 방식의 인식 한계를 뛰어넘어 명함관리의 편의성을 크게 높였다. 또한 회원 간 이직이나 승진 등 명함 정보의 변경을 자동으로 업데이트 받을 수 있다는 게 특징이자 다른 명함 서비스들과 가장 차별화되는 점이다. 카톡・문자를 활용한 명함 전달, 리멤버 회원 간 온라인 명함 교환 등의 기능도 갖추고 있다.

▲ QR코드가 들어간 온라인 명함 이미지 제작 예시

① 파워포인트에서 아래와 같이 도형과 텍스트, QR코드 이미지를 삽입한다.

② QR코드의 배경(흰색) 이미지를 제거하기 위하여 [그림도구 서식]–[배경제거] 메뉴를 선택한다.

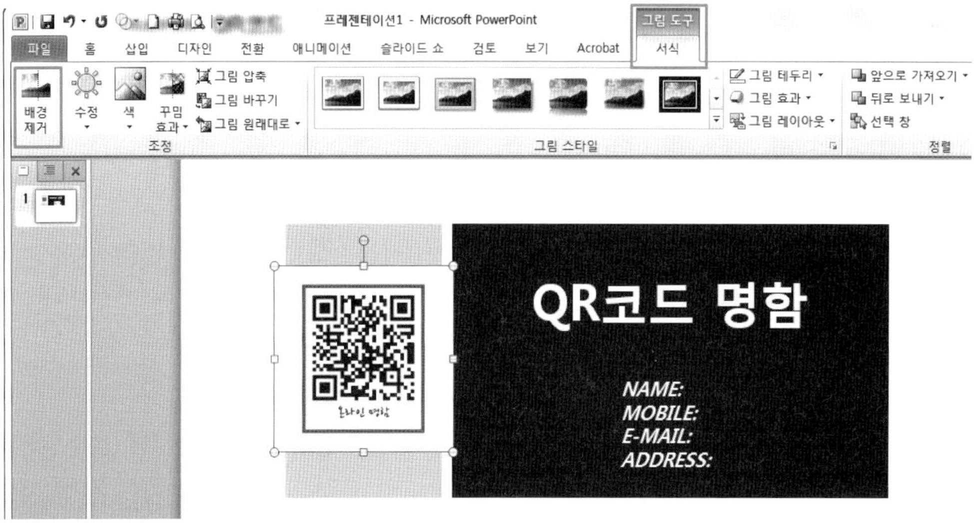

③ 흰색 배경을 제거하고 명함이미지에 들어간 모든 개체를 선택한 뒤 오른쪽 마우스를 클릭하여 '그림으로 저장(S)...'을 선택하고 QR코드 명함이미지 제작을 완성한다.

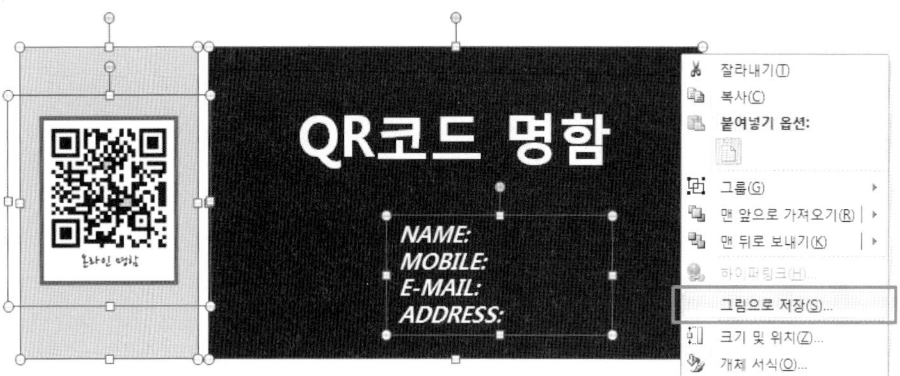

2) 홍보 동영상 제작

동영상 범람 시대다. 인터넷을 통한 실시간 방송은 물론 카카오 TV와 같은 모바일 영상 플랫폼과 다음TV팟, 네이버TV캐스트, 유튜브 등 다양한 채널을 통해 동영상 콘텐츠를 이용할 수 있다. 이를 활용해 누구나 마음만 먹으면 1인 창작자가 될 수 있어 자기홍보는 물론 업무와 관련된 영상을 제작 및 활용하는 최적의 수단으로 각광받고 있다.

초보자들도 쉽게 제작할 수 있는 무료 동영상 제작 툴이 늘면서 PC는 물론 모바일에서도 영상을 편집할 수 있게 되었다. 그 중에서도 '뱁믹스'는 모바일이나 캠코더로 촬영한 영상을 TV 방송 프로그램 수준의 품질로 자막을 삽입하고 영상을 편집할 수 있는 무료 소프트웨어다. 다양한 영상 편집 기능과 효과 필터를 비롯, 1천여 종의 TV 방송 스타일의 자막 템플릿을 제공한다.

① 네이버 자료실에서 '뱁믹스'를 검색하여 프로그램을 다운로드하고 설치한다. 회원 가입(이메일 형식의 아이디와 패스워드만 필요)을 한 후 로그인하여 이용할 수 있다.

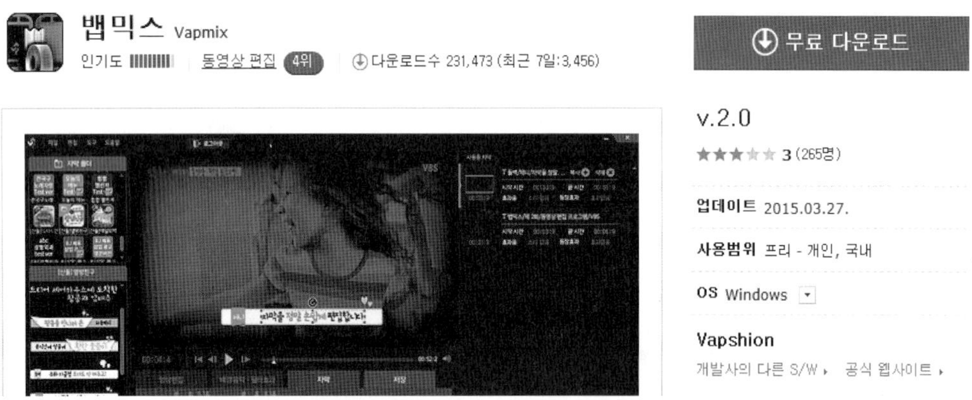

② 사진 또는 동영상 파일을 열기하고 스토리 구성에 맞도록 배치한다.

③ 사진 및 영상에 어울리는 배경음악을 삽입할 수 있고 영상 전체에 필터효과를 적용할 수 있다. 단, 필터효과는 일부분을 적용할 수 없다.

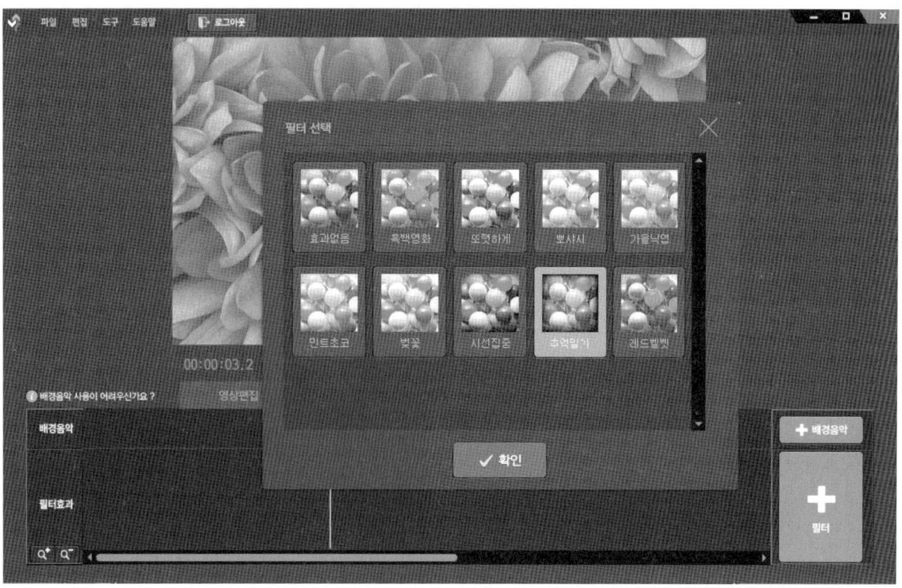

④ 자막 탭을 선택하면 왼쪽 메뉴에서 무료자막과 유료자막을 확인할 수 있다. 자막을 넣기 한 후 자막 위치를 이동한 후 더블클릭하면 자막 내용을 수정할 수 있다.

⑤ 동영상 저장은 프로젝트 파일 저장과 동영상 파일 저장으로 2가지 메뉴로 나누어 진다. 프로젝트 파일 저장은 배경음악을 변경하거나 자막의 오류 수정, 사진 추가 등 동영상 파일의 수정이 가능한 소스파일이다. 그리고 동영상 파일로 저장하면 홍보 동영상 콘텐츠가 완성된다. 단, 이것은 동영상 수정이 불가능한 파일이므로 소스파일을 저장해두는 것도 좋은 방법이 될 수 있다.

Tip ▶▶▶ 스토리보드 양식

스토리보드는 보는 사람이 스토리의 내용을 쉽게 이해할 수 있도록 주요 장면을 그림으로 정리한 계획표를 말한다. 스토리보드는 시나리오의 내용을 시각화하여 표현하기 위한 도구인 동시에, 제작진 사이의 의사소통을 돕기 위한 중요한 수단이라 할 수 있다.

스토리보드에는 주제와 화면제목, 화면의 구성, 화면설명 등을 기록할 수 있는데 그 형식과 용도에 따라 다양하게 작성할 수 있다.

작품명		내용 요약 (줄거리)		
순서	장면 설명	대사/음향	자막/효과	기타
#1				
#2				
#3				
#4				
#5				

▲ 스토리보드 양식의 예

3. 모바일 서비스 활용

1) 모바일 홈페이지 구축

우리는 TV 광고, 홍보 포스터, 전단지 등에서 마음에 드는 상품을 접하게 되면 보다 자세한 정보를 얻기 위해 해당 상품을 검색하게 된다. 예전에는 상품을 메모해 두었다가 컴퓨터에 접속으로 검색을 했지만, 이제는 스마트폰으로 즉시 궁금한 내용을 확인하고 가격비교까지 할 수 있게 되었다. 최근 들어 많은 기업, 개인들은 언제든지 스마트폰에서 볼 수 있는 모바일 홈페이지의 중요성을 깨닫고 모바일에 특화된 홈페이지를 개발하는데 박차를 가하고 있다.

모바일 홈페이지는 작은 화면에 최대한 효율적으로 정보를 배치해야 하는 것이 특징으로 이용자의 접속 환경 다변화에 대응하기 위해 요즘 다양한 분야에서 활용되고 있고, QR코드와 연계도 가능하다. 또한 정보 검색, 예약, 후기 작성, 평점 등록 및 SNS 공유도 가능해 이용자와 쌍방향으로 소통할 수 있어 앞으로 모바일 홈페이지의 필요성은 훨씬 커질 것이다.

다음은 스마트폰 기반의 모바일 홈페이지를 구축해보고 SNS를 이용하여 서로의 모바일 홈페이지를 방문해보자.

① 모두(http://www.modoo.at) 사이트로 들어가서 회원가입(네이버 아이디 연동) 및 로그인한다.

② [시작하기]-[단순템플릿]-[나도 만들기]를 선택한다.

③ [맞춤 템플릿]탭에서 테마를 변경하고, [만들어보기]를 클릭한다.

④ [사이트관리창]에서 불필요한 페이지는 휴지통 모양의 버튼을 클릭하여 삭제한다.

⑤ 메인 페이지 구성요소 편집하기

'구성요소 추가' 목록에서 텍스트, 이미지, 버튼 중 삽입하고자 하는 내용을 선택한다. 그리고 삽입한 구성요소의 위치를 확인한 후 오른쪽의 구성요소 세부속성 창에서 내용을 입력하거나 다양한 옵션(타입, 아이콘, 서식 등)을 설정한다.

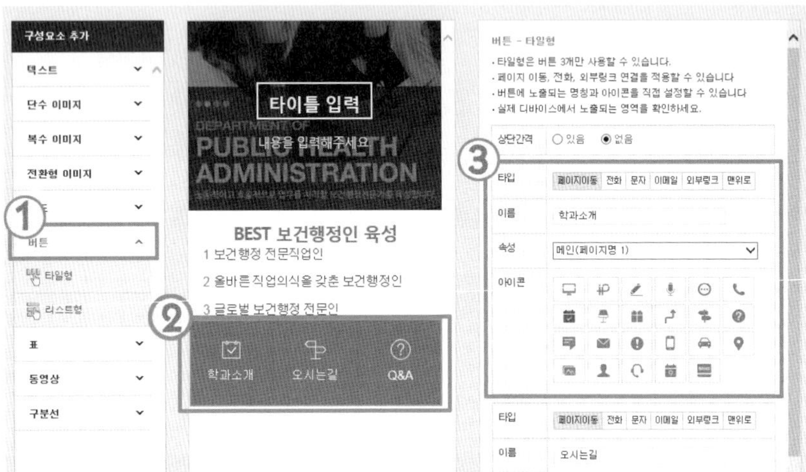

⑥ [미리보기+테마설정] 버튼을 클릭하여 현재까지 작업상태를 확인한 후 [사이트 반영]을 선택한다.

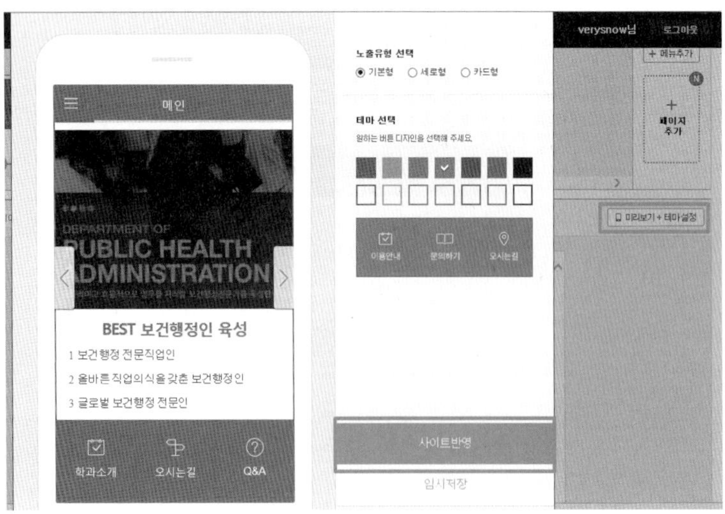

⑦ 사이트명과 모바일주소(인터넷주소) 아이디를 입력한 후 [저장]버튼을 클릭하면 완성된다.

⑧ http://아이디.modoo.at/를 입력하면 아래와 같이 PC나 스마트폰에서 홈페이지 내용을 확인할 수 있다.

▲ PC에서 접속한 화면

▲ 스마트폰에서 접속한 화면

⑨ 모바일 홈페이지 접속이 되려면 [사이트관리] 페이지에 가서 노출상태를 반드시 'ON'으로 설정해야 한다.

⑩ [사이트관리]창에서 [스티커인쇄]버튼을 누르면 QR코드 및 모바일 홈페이지 주소 라벨을 인쇄할 수 있다.

▲ 모바일 홈페이지 구축 작성 예시

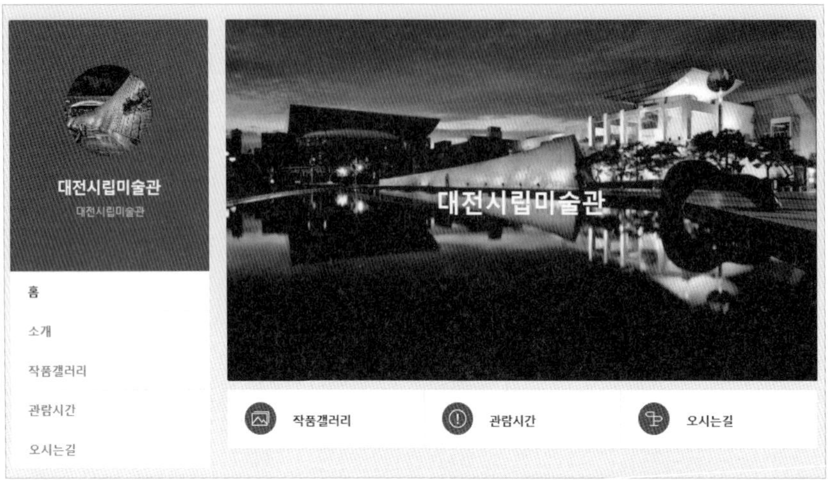
대전시립미술관
대전시립미술관
홈
소개
작품갤러리
관람시간
오시는길
대전시립미술관
작품갤러리
관람시간
오시는길

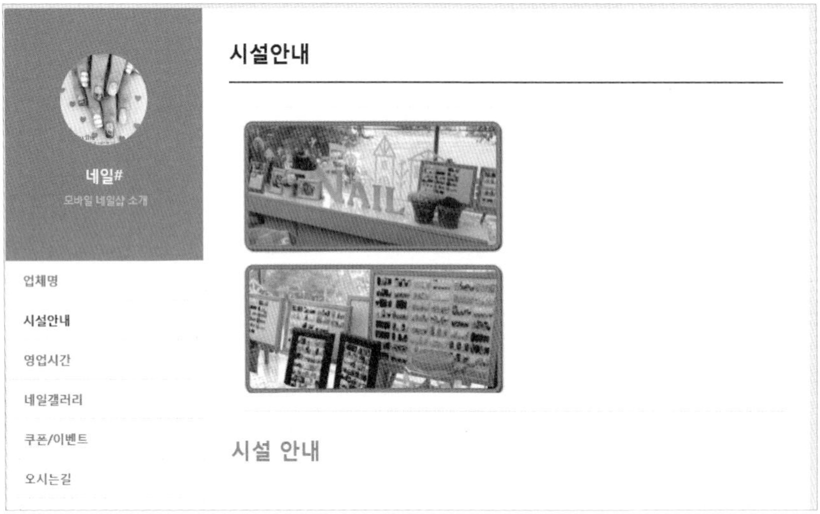
네일#
모바일 네일샵 소개
업체명
시설안내
영업시간
네일갤러리
쿠폰/이벤트
오시는길
시설안내
NAIL
시설 안내

2) 온라인 설문조사 실시

설문조사는 특정 주제에 대하여 정확히 알아보거나 관련 자료를 얻기 위해 의견이나 생각을 묻는 방법으로 기업이나 학교에서는 고객의 의향과 선호도를 파악하거나 학생들의 교육만족도와 강의평가 내용 등을 알아보기 위해 설문조사를 시행하고 그 결과를 집계하여 해당 부서의 의견 반영 또는 다양한 정책 방향 및 지원에 활용하고 있다. 다음은 구글 문서도구를 이용한 고객 만족도 온라인 설문조사를 만들고 직접 설문조사에 응답해 보자.

① 구글 사이트(http://www.google.co.kr)에서 로그인한 후 [드라이브] 메뉴로 들어간다.

② [새로 만들기]버튼 또는 [내 드라이브]를 선택하여 [새 파일]-[구글 설문지]메뉴를 클릭한다.

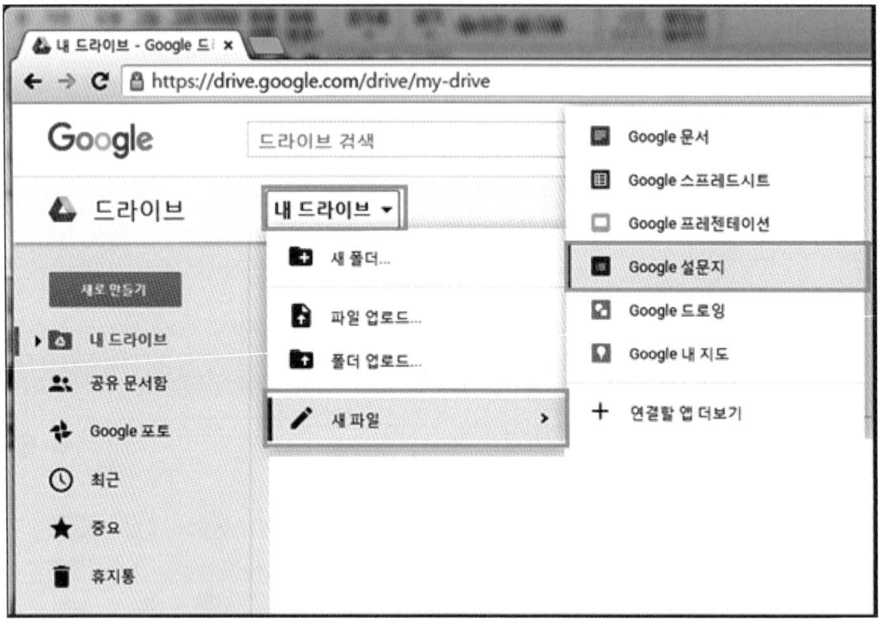

③ 질문 제목과 질문 유형을 입력하고 '복사'메뉴를 클릭하여 설문문항을 작성한다.

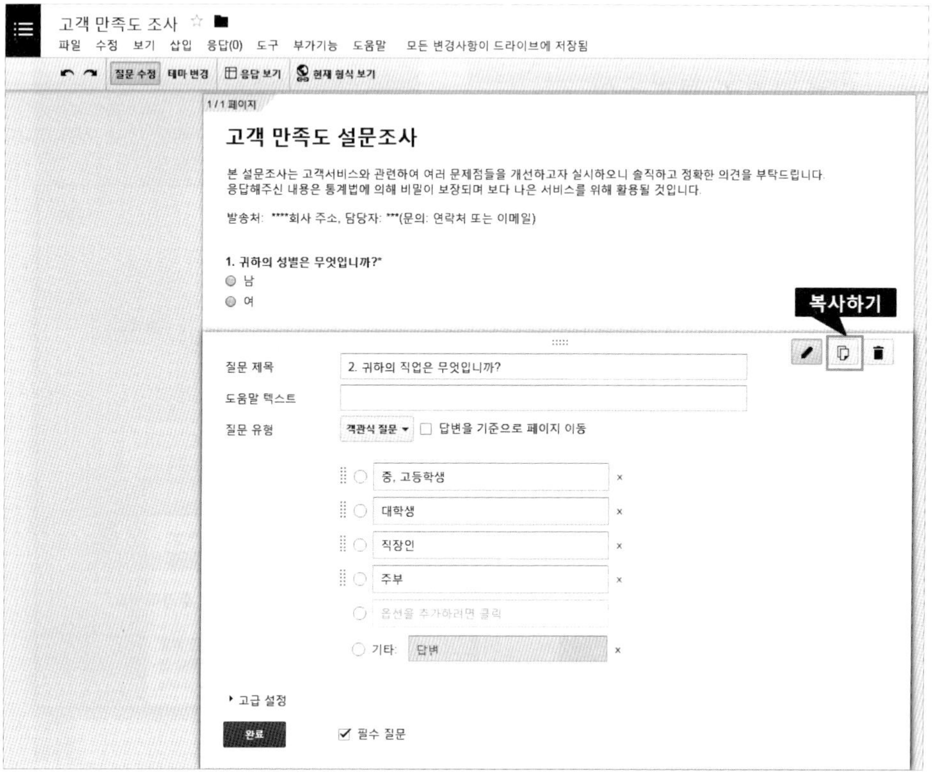

Tip ▶▶▶ 질문 유형

고객 만족도 조사의 경우 성별, 나이, 학년 등과 같은 질문은 '객관식 질문' 유형으로 선택하고, 복수응답을 받을 수 있는 질문유형은 '확인란'으로, 선호 경향 정도를 측정하는 상, 중, 하와 같은 3점 척도나 문항별로 1점(전혀 그렇지 않다)에서부터 5점(매우 그렇다)으로 표시되는 5점 척도의 경우에는 '점수범위' 유형을 선택하면 된다.

기본	고급
ABC 텍스트	점수범위
¶ 단락 텍스트	그리드
객관식 질문	날짜
✓ 확인란	시간
목록에서 선택	

▲ 온라인 설문조사 작성 예시

4장 종합하기

01 다음 인터넷 활용 기술 용어를 간략하게 설명하시오.

① 클라우드 :
② SNS :
③ 핫스팟 :
④ 테더링 :
⑤ 사물인터넷 :
⑥ 홀로그램 :
⑦ 증강현실 :
⑧ 가상현실 :

02 QR코드는 새로운 마케팅 도구로 급부상하고 있다. 예를 들면 인쇄물, 영상, 도서, 웹페이지, 옥외간판 등 다양한 매체를 활용하여 즉각적인 소비자 반응과 참여를 유도하고 있다. 그렇다면 실제 QR코드를 활용한 이벤트나 상품 홍보, 서비스 안내 등 다양한 사례를 소개하시오.

03 크롬 확장 프로그램은 브라우저에서 작업을 수행하는 데 도움이 되는 팁을 제공하는데 예를 들면, 업무 또는 학업을 위한 연구 기사를 저장하고 공유할 수 있는 디지털 폴더 역할을 하는 '포켓' 도구를 들 수 있다. 이렇게 업무의 생산성 향상과 작업속도를 높일 수 있는 크롬 확장 프로그램을 찾고 어떻게 활용할 수 있는지 설명하시오.

04 온라인 설문조사 작성 예시(P.159)와 같이 직장인을 대상으로 설문조사한 뉴스(기사) 사례를 찾아보고, 구글 문서도구를 이용하여 온라인 설문조사로 완성하시오.

[성과평가] 직장인 10명 중 4명 이상 "올해 직속상사 평가 점수는 B(보통)"
'매우 탁월' + '탁월'은 22.8%, '부족하다'는 '32.7%'
취업포털 잡코리아가 남녀 직장인 1,352명에게 '직속상사의 올해 성과를 평가 한다면 어떤 등급을 주겠는가'를 5점 척도로 물어본 결과 응답자인 44.5%가 'B(보통, 평균은 함)'를 꼽은 것으로 나타났다.
매우탁월하다(S_4.9%)거나 탁월하다(A_17.9%)고 답한 직장인은 22.8%에 그친 반면 부족하다(C_16.9%)거나 매우부족하다(D_15.8%)고 답한 직장인은 32.7%로 상대적으로 많았다.

〈출처〉 datanews, http://me2.do/FfzYx6B5

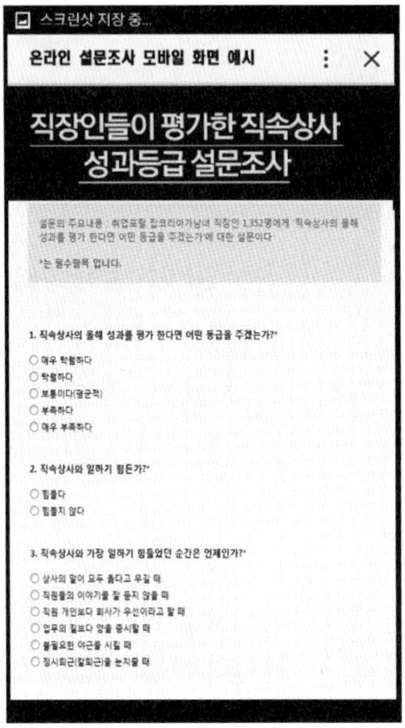

5장

수리능력의 이해

1. 디지털 업무환경과 수리능력
2. 수치로 살펴보는 직업사회
3. 빅데이터와 분석능력

5장 수리능력의 이해

소 개

이 장에서는 직업세계의 변화에 적응하고 업무수행에 있어 다양한 문제를 해결하는 데 필요한 수학적 지식과 기능 습득의 중요성에 대해 알아본다. 모바일 인터넷과 클라우드 컴퓨팅, 사물인터넷 등의 기술 발전에 따라 실시간으로 쏟아지는 데이터들을 어떻게 기획하고 활용하는지에 대한 빅데이터의 분석능력에 대해 살펴본다.

학습목표 직업세계에서 필요로 하는 업무수행 능력으로 수리능력이 왜 필요한지 중요성을 설명할 수 있다.

학습내용
- **지식** : 수학적 지식이나 기능 습득
- **기술** : 수학적 사고를 통한 문제해결, 빅데이터 분석능력
- **상황** : 직업세계 변화에의 적응, 실용적 가치의 구현

1. 디지털 업무환경과 수리능력

세계 최대 부호인 미국 마이크로소프트(MS)의 빌 게이츠 회장이 처음에 하버드대 법대에 입학하였지만 수리능력의 중요성을 깨닫고 수학과로 전과한 것을 아는 사람들은 많지 않다. 게이츠는 수학적 사고력을 발휘하여 MS를 설립했다. 그가 집필한 저서 『미래로 가는 길』, 『생각의 속도』 등에선 수학적 사고력・상상력의 중요성이 잘 드러나 있다. 또 게이츠는 지난 3월 미국 상원 청문회에서 앞으로 더욱 가속화될 혁신시대에 살아남기 위하여 수리능력의 중요성을 더욱 강조해야 한다고 주장했다.

그렇다면 수리능력은 왜 필요하며 직업생활과 어떤 관련이 있을까? 수리능력은 여러 자연현상이나 사회현상들을 추상화, 계량화하여 그 본질적 성질을 설명하는 능력 이다. 단순히 숫자를 계산하는 것만 배우는 것이 아니라 복잡하고 어려운 문제들을 계산하고

해결해가는 과정을 통해 논리적으로 생각하는 방법과 문제해결력을 배우는 것이다.

수리능력의 향상을 통해 수리력뿐만 아니라 추리력, 분석적인 사고능력, 엄격한 논리 체계 및 사물을 인식하고 이해하는 방법을 배우게 되는데, 이러한 것들은 모든 과학의 언어로서 자연과학, 공학, 인문학, 사회과학에 이르기까지 광범하게 응용된다.

직업 중에 수리능력이 매우 중요시되는 직업으로는 보험계리사, 수학 및 통계 연구원, 수학교사, 자연계열 교수 등이 있다. 또 이들이 진출하는 분야도 중앙정부 및 지방자치단체의 공무원, 중・고등학교 교원, 은행・보험・증권회사, 정보통신 기술업체, 소프트웨어 개발업체, 정보처리업체, 정보보안 관련 업체, 통계조사기관, 일반 기업체의 관련 분야(전산실, 통계실, 자료 처리실 등)와 여론조사연구소, 국방과학연구소, 기초과학지원연구소 등에 이르기까지 다양하다.

그러나 수리능력은 위와 같은 특정 직업에 종사하는 사람에게만 필요한 것이 아니며, 모든 직업인들에게 공통적으로 필요한 능력이라고 할 수 있다. 다음은 수리능력이 일상생활 혹은 업무수행 과정에서 중요한 이유를 설명해준다.

1) 수학적 사고를 통한 문제해결

업무수행 시 다양한 문제를 해결함에 있어서 수학적 사고를 적용하는 습관을 갖게 되면 여러 문제들을 쉽게 분류하고 그 해법을 찾게 된다. 즉, 수학의 원리를 활용하면 어려운 문제들에 대한 지구력과 내성이 생겨 업무의 문제해결이 보다 쉽고 편안해질 수 있다.

2) 직업세계 변화에 적응

앞으로 수십 년간에 걸친 직업세계의 변화에 적응하기 위해서는 수리능력을 가져야 한다. 나중에 유망 직업으로 전직하려는데 그 직업이 수리적인 지식을 요구한다면 그때 가서 공부하는 것은 매우 힘들기 때문이다. 수리능력은 논리적이고 단계적인 학습을 통해 향상되기 때문에 어느 과정의 앞 단계에서 제대로 학습을 하지 못했다면 다음 단계를 학습하는 것이 매우 어렵다.

3) 실용적 가치의 구현

수리능력의 향상을 통해 일상생활 혹은 업무수행에 필요한 수학적 지식이나 기능을 습득할 수 있다. 물론, 실용성은 생활수준의 발전에 따라 다양한 성격을 지니게 되며 내용도 복잡하게 된다. 실용성이 개인이나 직업에 따라 다를지라도 수리능력의 향상을 통해서 일상적으로 필요한 지식, 기능이라도 단순히 형식적인 테두리에서 머무는 것이 아니라 수량적인 사고를 할 수 있는 아이디어나 개념을 도출해낼 수 있다.

따라서 수리능력은 일상생활에서 접하는 숫자와 관련된 상황을 이해하고 해결하는 능력이다(ETS, 2000). 그것은 사칙연산`을 포함한 기초연산과 통계, 도표 등 정량적인 자료를 이해하고 해석하여 직업에 적용하는 능력이라 할 수 있다(KRIVET, 2010).

2. 수치로 살펴보는 직업사회[7)]

미래 한 직장의 풍경을 그린 가상 대화다. 여기서 회사원 A와 B가 말하는 '매니저 C'는 로봇 상사를 말한다. 인간이 기계를 확인・보수하는 것이 아니라, 기계가 인간의 일을 관리・감독하는 미래를 지금 상상하기란 쉽지 않다. 하지만 이런 현실은 뜻밖에 머지않아 닥칠 수 있다.

회사원 A : 어제 또 매니저 C에게 지적받았어.
동료 B : 이번에는 또 무슨 일인데?
회사원 A : 다음달 매출 예측에 숫자가 틀렸다는 거야.
동료 B : 그런 일은 직접 하면 될 텐데. 번거롭게 우리가 해야 하나?
회사원 A : 무슨 소리야. 그렇게 맡기다가 직장마저 잃고 싶어?

시장조사업체 가트너가 발표한 '2016년 전망 브리핑'에서 2018년까지 세계적으로 300만 명의 노동자가 '로봇 보스'에게 감독을 받을 것이라고 내다봤다. 지금 어린이들이 성인이 되어 취업할 때쯤이면 술자리에서 로봇 보스에 대한 험담을 늘어놓을 가능성도 배

7) 〈출처〉 하버드 30초 통계학, 하버드 비즈니스 리뷰, 2015.

제할 수 없는 일이다.

또한 세계경제포럼(WEF)은 '일자리의 미래' 보고서를 통해 4차 산업혁명이 현재 기술의 변화 속도를 가중시켜 대학교 1학년 때 배운 지식 가운데 절반 가까이는 4학년이 될 때쯤이면 무용지물이 된다고 분석하기도 했다. 여기서 4차 산업혁명이란 인공지능을 비롯해 유전학, 나노기술, 3차원 프린팅 등의 새로운 기술이 서로를 증폭시키면서 만들어내는 새로운 생산 체제를 말한다.

앞으로 직업사회는 사람과 기계 '협동'에서 '경쟁' 관계로, 상업적 콘텐츠 상당부분 기계가 생산하고 "1학년 때 배운 지식이 4학년 땐 무용지물"이 되며 "초등학생 65%는 현재 없는 직업 가질것"이란 예측을 전문가들은 하고 있다. 아래 표는 이러한 변화에 어떤 준비가 필요한지 글로벌 기업들이 가장 중요하게 생각하는 능력인 핵심 직무 기술에 대한 설문결과로, 이에 따르면 '복잡한 문제를 풀어내기'(전체 응답의 36%)가 1위를 차지했다. 이는 질문을 만들어내는 능력이라고도 할 수 있다. 각종 요소들이 얽혀 있는 현실에서 새로운 해결책을 제시하는 역량이다. 그 다음 자리에 다른 사람을 설득하거나 감정을 읽어내는 '사회적 기술'(19%)이 올랐다.

▼ 2020년 요구되는 핵심 직무 기술

직무	내용	요구 정도
복잡한 문제 풀기	실세계의 정의되지 않은 문제해결력	36%
사회적 기술	다른 사람들과 협업하고 설득, 교육하는 능력	19%
프로세스 기술	적극적으로 정보를 얻어 합리적으로 추론하는 능력	18%
시스템 기술	시스템을 파악해서 가장 좋은 조건을 찾는 능력	17%
인지 능력	서로 다른 규칙들을 관찰하여 창조적으로 결합하는 능력	15%
자원관리 기술	자금, 시간 등을 목적에 맞게 효율적으로 쓰는 능력	13%
기술적 능력	기기를 관리, 검사, 프로그래밍하는 능력	12%
콘텐츠 기술	말하기, 쓰기, 디지털 콘텐츠를 통해 표현하는 능력	10%
육체적 능력	물건을 정교하게 다루거나 힘을 쓰는 능력	4%

〈출처〉 세계경제포럼(WEF)

다음은 〈오늘의 통계〉라는 온라인 뉴스레터에 실린 연구결과를 통해 직업사회에서의 통계이야기를 살펴본다.

• 학력이 높은 근로자일수록 직업만족도가 낮다.

독신이면서 학력이 높을수록 직업만족도는 낮고, 공무원의 직업만족도는 높다. 또한 마데이라대학교의 산티아고 부드리아에 따르면, 일생의 직업만족도는 높게 출발하여 낮아진 다음 다시 높아지는 U자형 과정을 거친다고 한다. 스페인의 근로자 약 5,000명을 대상으로 한 연구에서 중등교육 및 대학교육을 받은 근로자들은 자신의 직업을 상당히 불만족스러워할 확률이 약 2% 높은 반면 매우 만족할 확률은 2~4% 낮은 것으로 나타났다.

• 직접 만나서 얘기할 때보다 이메일상에서 거짓말을 더 많이 한다.

매사추세츠대학교의 마티티야후 짐블러와 로버트 펠더먼에 따르면 누군가를 새로 알게 되는 과정에서 약 70%의 사람들은 자신의 감정에서 학력에 이르기까지 다양한 거짓말을 하는데, 거짓말의 빈도는 서로 만나서 얘기할 때보다는 이메일로 얘기할 때 더 높다고 한다. 동성의 대학생들에게 15분 동안 대화를 나누도록 한 실험에서, 이메일을 이용한 사람들의 경우 만나서 얘기한 사람들보다 대화에 사용된 단어당 거짓말의 빈도가 다섯 배 더 높았다. 연구자들은 대화를 주고받는 사람들이 서로 심리적으로나 물리적으로 멀리 떨어져 있을수록 거짓말의 빈도가 높아진다고 설명했다.

• 인터넷 서핑을 열심히 하고 있다면 졸린 것이다.

싱가포르경영대학교의 데이비드 와그너가 이끈 연구팀에 따르면, 실험 참가자들에게 42분짜리 과업을 주었을 때 전날 밤 수면시간이 1시간 줄어들 때마다 개인 이메일 확인이나 일과 상관없는 웹사이트를 보는 등 인터넷 서핑을 하는 데 8.4분을 더 소비하는 것으로 나타났다. 수면부족과 인터넷 서핑의 상관관계는 데이터로도 뒷받침된다. 서머타임으로 바뀐 직후의 월요일에는 다른 월요일에 비해서 구글 사용자들이 오락 관련 웹사이트를 3.1~6.4퍼센트 더 검색한다고 한다.

• 점심식사는 많은 사람과 같이 할수록 좋다.

CNN이 보도한 벤 바버의 연구결과에 따르면, 점심시간에 식당에서 10~12인용 테이블에 많은 수의 동료들과 함께 앉아 식사하기를 즐기는 근로자들은 4인용 테이블에 앉는 근로자들보다 업무성과가 월등히 높다고 한다. 바버는 근로자들이 많은 사람과 함께 점심식사를 할수록 더 많은 동료와 정보를 주고받게 된다고 설명한다.

• 도움을 받을 수 있다면 일이 쉬워 보인다.

러트거스대학교의 아담 도어펠트가 이끈 연구팀에 따르면, 감자 상자의 무게를 짐작하는 실험에서 참가자들에게 상자를 드는 데 도움을 받을 수 있다고 말해주자 무게를 10% 더 가볍게 추정했다고 한다. 상자를 혼자서 들어야 한다고 말했을 때에는 평균적으로 실제에 근접한 4.76kg으로 추정한 반면, 누군가 도와줄 거라고 말했을 때에는 4.26kg으로 추정했다. 우리의 지각은 혼자 할 수 있는 일뿐만 아니라 누군가의 도움으로 할 수 있으리라 믿는 일에 의해서도 형성된다고 연구자들은 설명한다.

• 약간의 소음은 창의력을 높인다.

일리노이대학교의 라비 메타, 브리티시컬럼비아대학교의 루이 주, 버지니아대학교의 아마르 치마에 따르면, 실험 참가자들에게 10미터 떨어진 거리에서 움직이는 자동차 소리에 상응하는 70데시벨 정도의 소음을 들려주었더니 조용한 환경에 있을 때보다 창의력이 향상되었다고 한다. 소음이 들리면 두뇌에서 정보를 처리하기가 더 힘들어지기 때문에 추상적 인지 능력이 활성화되며, 따라서 창의력이 향상된다고 연구자들은 설명한다.

• 하지만 그 소음이 동료의 말소리는 아니다.

〈뉴욕타임스〉가 보도한 핀란드 산업보건연구원의 연구결과에 따르면, 사무실 동료들의 대화소리가 들리면 단기기억을 효율적으로 사용해야 하는 읽기와 쓰기를 비롯한 여타 과업의 수행 능력이 5~10퍼센트 감소할 수 있다고 한다. 언어는 작업 기억에 의해 처리되기 때문에, 대화는 사무실 환경에서 가장 방해가 되는 소리 유형이라고 연구자들은 밝혔다. 다만, 대화가 웅성거리는 소음에 묻혀 정확히 들리지 않는 경우엔 업무성과가 향상될 수도 있다.

3. 빅데이터와 분석능력

넘쳐나는 정보의 덩어리를 우리는 빅데이터(big data)라고 부른다. 기하급수적인 디지털 정보의 양적 증가에 따라 대규모의 데이터를 어떻게 처리하고 활용할 것인가 하는 것이 관심사가 되었다. 이때 등장한 용어가 빅데이터다. 빅데이터는 보통 수집에서 수천 테라바이트 정도의 거대한 크기를 가지고, 여러 가지 다양한 정형・비정형 데이터를 포함하고 있으며, 생성–유통–소비가 몇 초에서 몇 시간 단위로 일어나 기존의 방식으로 관리와 분석이 매우 어려운 데이터 집합이다.

빅데이터, 클라우드, 슈퍼컴퓨팅을 활용한 의료혁명으로 머지않아 내 평생 의료기록을 내 모바일 기기에서 확인하는 시대가 올 것이다. 예를 들면 다음과 같은 사례에서 살펴볼 수 있듯이 많은 사람들이 이러한 경험들을 한다. 하지만 앞으로 클릭 몇 번이면 그 자료를 병원들이나 의사들이 서로 주고받을 수 있고 예전 진단 및 치료 데이터와 개인의 생활환경, 의료 기록들을 추적 분석하여 질병을 진단하고 예측하는 의료 서비스가 확대될 것이다.

서울 여의도에 사는 45세의 K씨는 가슴이 아파 여러 병원을 전전했다. 그는 등의 날개뼈 밑, 가슴의 쇄골 아래, 명치 등 가슴 안쪽이 앞뒤를 가리지 않고 아팠다. 처음에는 고질인 목 디스크를 의심했고, 나중에는 남자임에도 불구하고 유방암에 걸린 것은 아닌지 별의별 상상을 다하며 병원을 찾아다녔다. 한 달간 동네 외과 병원 두 곳을 다닌 끝에 "내과에 가 보셔야 할 것 같다"는 조언을 들었다.

그렇게 방문한 내과에서 힘들게 내시경을 하고 나서 받은 판정은 역류성 식도염. 그때부터 그는 이 잘 낫지 않는 병과 싸우게 되었다. 한달 간 약을 먹었는데도 통증이 별로 줄지 않아 병원에서는 약을 바꿨다. 다시 2주가 지나도 통증이 지속되자 그는 병원을 옮겼다. 새로 옮긴 병원에서 다시 약을 처방받아 2주간 먹었으나 차도가 없자 그 병원에서도 새 약을 주었다.

그런데 며칠 동안 약을 먹고 나서 유심히 살펴보니 그 약은 분명히 예전에 먹었던 약인 것 같았다. 그 사실을 이야기하자 병원에서 내시경 검사를 하자고 말했고 그가 힘들어서 싫다고 하자 의사는 예전 병원에 가서 내시경 촬영 결과를 복사해 오라고 했다. 하지만 그럴 시간이 없어서 결국 그는 내시경 재검사를 받았고 결과는 역시 역류성 식도염이었다.

그는 새 약을 받아들고 나왔으나 의구심은 가시지 않았다.
"왜 예전 병원에서 받은 내시경 검사 결과를 지금 다니는 병원에서 바로 볼 수 없는 거지?"
"왜 지금까지 먹은 약이 효과가 없는데도 새 병원에서는 같은 약을 줄까?"
"내가 무슨 약을 먹었는지 알 수가 없나?"

빅데이터의 시대적 흐름을 살펴보면, 1990년대 중반부터 2000년대 중반까지는 '데이터 저장 시대'로, 사용자가 의사결정을 지원하기 위해 데이터를 축적하고 사용자 관점에서 고객정보, 교통정보, 서비스정보 등 주제별 관심으로써 주요한 정보를 적절한 시점에 제공할 수 있도록 했다. 2000년대 중반부터 2010년대 중반까지는 '데이터 집중 시대'로, 데이터의 통합 관리를 통해 분석하고자 하는 소비자 등 대상자에 관한 입체적인 이해를 가능하게 했다. 2010년대 중반 이후는 '빅데이터 시대'로, 통합된 고객정보, 모바일, SNS의 결합을 통해 기존의 정형 데이터로는 파악하기 어려운 변화를 감지하고 소비자의 욕구를 즉시 확인하고 활용할 수 있게 되었다.

초창기 빅데이터 기술은 의사결정을 전략적으로 하기 위한 기술 혁신으로 주목을 받았으나 최근에는 부가가치 창출 및 사회적 혁신이라는 파급효과를 발휘할 것으로 기대되고 있다. 왜냐하면 빅데이터 기술이 산업 전반으로 확산되면 한 국가의 경제 발전과 사회복지 향상, 그리고 보편적인 문제를 해결하기 위해 빅데이터를 활용할 것이므로 데이터 경제 시대가 도래할 것으로 예상하기 때문이다.

미래 빅데이터의 핵심은 데이터의 양이 아니라 데이터를 보는 통찰력이다. 즉, 다양하고 많은 데이터를 모으는 것보다 데이터를 의미 있는 방향으로 해석하고 시사점을 도출하는 작업이 중시됨으로써 데이터 과학자에 대한 수요가 늘어날 전망이다. 그러나 이러한 긍정적인 효과와 함께 신중하게 고려되어야 할 것이 개인정보 보호 강화다. 빅데이터를 언급하지 않더라도 디지털 기술의 발달은 개인정보 보호와 노출이라는 양극단의 문제를 항상 함께 가지고 간다. 빅데이터가 수집-저장-분석-적용되는 전 과정에서 정보를 투명하고 안전하게 관리하기 위한 보안 체계를 수립해야 하고 보안 관련 IT기술을 적극적으로 활용해야 할 것이다. 또한 소셜 네트워크 서비스, 클라우드 등 새로운 ICT 기술의 등장에 따라 데이터 유통이 한 국가 내에서 머무는 것이 아니라 세계적으로 일어나므로 국제적 공조 체제를 구축하는 것도 필요하다.

심화하기

최근 트위터와 페이스북 같은 사회 관계망 서비스(SNS)가 확산되면서 이를 통해 개인이 언제, 어디서, 누구와 만났는지, 무엇을 했는지 쉽게 기록하고 검색할 수 있는 개인화된 빅데이터, 즉 퍼스널 빅데이터에 관심이 집중되고 있다. 퍼스널 빅데이터란 사용자 중심의 빅데이터를 의미하는 것으로 개인이 온・오프라인상에서 활동한 이력에 기반해 언제, 어디서, 누구와 만났으며 무엇을 했는지 등을 수집해 기록하고 검색할 수 있는 개인화된 데이터를 통칭한다. 이러한 퍼스널 빅데이터는 기존 공급자 중심의 데이터 수집과 확보로부터 사용자 중심으로 진화해 온・오프라인상에서 이용한 데이터를 수집, 확보한다는 측면에서 사용자를 제대로 이해하고자 하는 많은 기업들의 주목을 받고 있는 것이다.

빅데이터 분석은 이제 데이터 과학자들의 전문 영역을 넘어 대중화 단계에 접어들고 있다. 기존의 데이터 분석은 전문가의 기술이나 지식이 필요한 영역이었지만 이제 기업의 실무자들은 빅데이터를 활용해 어마어마한 데이터 속에 묻혀 있는 의미를 발견해내야 한다. 보통 사람들이 빅데이터 분석을 이해하려면 직관의 시각화가 필요하다. 사회 전반의 복잡하고 다양한 현상을 간결하고 분명한 데이터 시각화로 조망하고 스토리텔링을 구체화해 시도하기 때문이다.

이제는 점점 빅데이터의 필수옵션으로 시각화가 거론되고 있다. 데이터 시각화는 빠르고 쉽고 정확한 데이터 분석과정을 지원해주는 최고의 방법이고, 기업이나 공공 기관 등 여러 사용처에서 빅데이터를 숫자 등의 텍스트가 아닌 그림으로 보여달라는 요구가 높아지고 있다. 데이터 시각화는 다양하고 방대한 데이터를 눈으로 탐색하는 가운데 데이터의 특징을 쉽고 빠르게 알 수 있도록 도와준다. 데이터에 감춰진 내러티브를 찾아내 이를 논리성과 심미성의 균형을 이루며 보여주는 것 역시 데이터 시각화의 주된 기능이다.

그렇다면 기업이나 학교에서 홍보하고 있는 빅데이터의 시각화 사례를 다음과 같이 찾아보자.

최근 〈파이낸셜타임스(FT)〉에 소개된 사례다. 다양한 정보를 분석해 의미를 찾는 빅데이터 기술이 보험업에 적용되면서 보험료가 낮아지고 있다. 일단은 미래 리스크를 좀 더 예상하기 쉬운 손해보험 분야에 적용되고 있지만 생명보험 분야까지 확대되면서 보험업계 간 빅데이터 활용 경쟁도 치열해질 전망이다.

Tip ▶▶▶ 빅데이터 포털 '데이터 랩(DATA LAB)'

10년간 축적된 네이버의 데이터를 일반 시민들이 마음껏 활용할 수 있게 되었다. 네이버가 최근 자신들의 '데이터 곳간'을 통 크게 이용자들에게 공개한 것이다. 네이버 데이터 랩의 핵심은 이용자들이 다양한 민간·공공 데이터를 한눈에 볼 수 있고, 더 나아가 이를 자신이 보유한 데이터에 융합해 다방면으로 활용할 수 있다는 점에 있다. 특히, 사업을 운영하거나, 창업을 계획 중인 이용자들에게는 자신들만의 데이터 경쟁력을 확보할 수 있는 길이 열린 셈이다.

데이터 랩은 크게 △개별 이용자가 자신의 데이터를 네이버 검색 데이터와 결합하는 '데이터 융합 분석' △지역별 특정 분야의 데이터를 시각적으로 보여주는 '지역통계' △인기 검색어들의 기간별 트렌드를 파악할 수 있는 '검색어로 알아보는 대한민국'의 세 가지 섹션으로 구성된다.

예를 들면, '검색어로 알아보는 대한민국'에서는 2007년부터 현재까지 분야별, 이용자 라이프스타일에 따라 분류한 10여 년간 인기 검색어 데이터를 제공한다. 특정 검색어에 대해 최소 3개월에서 최대 10년까지의 변화 추세도 확인할 수 있다.

〈출처〉 http://datalab.naver.com

5장 종합하기

01 사회가 다양화되고 기술 변화가 급속히 일어남에 따라 기업은 현재의 빠른 환경 변화에 능동적으로 적응하고 미래의 변화 가능한 환경에 유연하게 대처하여 직무를 성공적으로 수행할 수 있는 인재를 채용하고자 한다. 기업이 원하는 이러한 인재가 갖춰야 할 능력이 수리능력과 어떤 관련이 있는지 설명하시오.

02 빅데이터의 개념을 설명하고 여러분의 전공분야에서의 빅데이터의 활용 방안 또는 기술 전망에 대해 조사 · 발표하시오.

03 KOSIS 국가통계포털(http://kosis.kr) 사이트를 이용하여 통계자료를 검색해보고 다음 질문에 ○, ×로 답하시오.

① 2010년 암 사망자수는 한국보다 헝가리가 더 많다.(　　　)
② 2012년 만 15세이상 비만인구비율은 일본보다 한국이 더 높다.(　　　)
③ 2015년 국민들의 삶의 만족도를 조사하여 수치화한 데이터에 의하면 한국은 10점 만점에 5.9점이다.(　　　)
④ 2015년 1인당(13세 이상) 평균 독서권수는 9.3권이다.(　　　)
⑤ 2014년 국내 방문 외국인수의 통계결과 방문 외국인수가 가장 많은 국가는 1위가 중국, 2위가 태국, 3위가 미국 순으로 나타났다.(　　　)

04 자신과 관련된 통계정보를 통해 나만의 설문통계 결과를 인포그래픽으로 만들어보시오.

> 통계로 보는 자화상은 모바일(http://m.kosis.kr) 외에 국가통계포털(KOSIS, http://kosis.kr)에서도 이용할 수 있다. 이 정보는 사용자가 기본 정보만 입력하면 성별, 지역, 나이 등 실생활 지표를 타인과 비교·분석해 도표나 그래픽 등 인포그래픽으로 만들어 제공해준다. 실생활 지표는 4개월마다 주제가 달라지고, 인포그래픽은 모바일 단문메시지(SNS)로도 공유할 수 있다.

① KOSIS 국가통계포털(http://kosis.kr) 사이트에서 [맞춤통계]-[통계시각화콘텐츠]-[통계로 보는 자화상] 메뉴로 들어간다.
② 자신이 사는 지역, 성별, 나이 등의 정보를 입력한다.
③ 앙케이트 설문에 응답하고 그 결과를 확인한다.

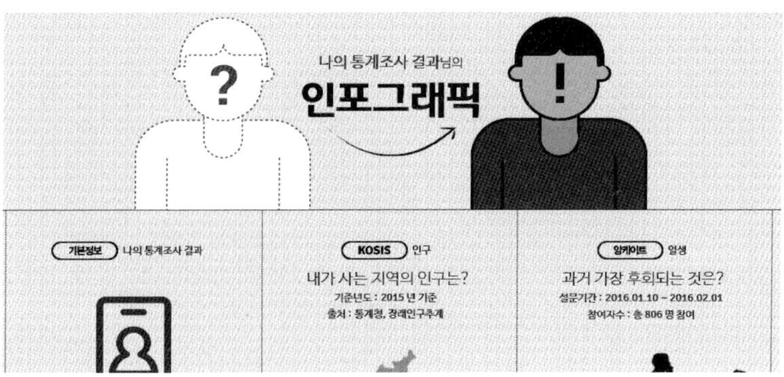

〈출처〉 통계로 보는 자화상(http://kosis.kr/vis_self/nso/korInSelf/spA1.do?mb=N)

Memo

6장

기초연산 및 통계능력

1. [기초연산] 수식계산과 연산자
2. [기초통계] 자동 합계 함수 사용하기
3. [실무함수] 논리 함수와 찾기 참조 함수
4. [실무함수] 텍스트 함수와 날짜시간 함수

6장 기초연산 및 통계능력

소 개

이 장에서는 직장생활뿐만 아니라 일상생활에서 필요한 기초적인 사칙연산과 계산방법을 이해하고 목적에 따라 평균, 합계, 빈도와 같은 통계기법을 활용해 자료를 정리하고 요약하는 방법에 대해 학습한다.

학습목표

- 직장생활에서 복잡한 수식계산 및 연산결과의 오류 수정을 엑셀 프로그램을 이용하여 계산할 수 있다.
- [수식]−[자동 합계]메뉴를 이용하여 합계, 평균, 숫자 개수, 최댓값, 최솟값의 결과를 구할 수 있다.
- 조건에 맞는 데이터를 검색하고 원하는 값을 찾기 위해 논리 함수와 찾기 참조 함수를 이용할 수 있다.
- 직장생활에서 업무에 필요한 문서작성을 위해 문자추출, 날짜와 시간을 구하는 함수를 적용할 수 있다.

학습내용

- **지식** : 연산자 종류, 기초적인 통계용어(합계, 평균, 빈도, 최댓값, 최솟값 등)
- **기술** : 셀 참조에 의한 수식계산, 계산결과의 오류 확인, 함수를 이용한 수식계산
- **상황** : 업무에 필요한 계산을 수행하고 결과를 정리하는 경우, 업무비용을 측정해야 하는 경우, 다른 경쟁사 제품과 수치를 비교할 경우

기초연산 능력이란 직장생활에서 필요한 기초적인 사칙연산과 계산방법을 이해하고 활용하는 능력을 의미한다. 특히 기초연산 능력은 직장생활에서 여러 단계의 복잡한 사칙연산을 수행하고 연산결과의 오류를 수정하기 위해 필수적인 능력이라 할 수 있다. 예를 들어 업무상 계산을 수행하고 결과를 정리하는 경우, 업무 예산 비용을 추산하는 경우, 고객과 소비자의 정보를 조사하고 응답 데이터를 분석하여 결과보고서를 작성하는 경우, 타 경쟁회사의 제품과 비교·분석하는 경우 등에서 필요한 능력이다.

기초통계 능력은 직장생활에서 평균, 합계, 빈도와 같은 기초적인 통계기법을 활용해 자료를 정리하고 요약하는 능력을 의미한다. 기업에서는 목적에 따라 다양한 통계자료를 이용하고 있는데 고객과 소비자의 정보를 분석하고 시장의 상황을 예측하여 기업의 목표를 정하고 수행하게 된다. 이러한 과정에서 각종 통계자료를 가공하거나 인용하게 된다. 특히, 정보통신 기술이 발달하면서 빅데이터를 활용한 통계분석 능력이 요구되고 있다.

1. [기초연산] 수식계산과 연산자

수식계산은 등호(=)를 처음 입력하고 연산자, 피연산자, 함수 등을 조합하여 만든다. 피연산자는 숫자 또는 셀 주소를 사용한다. 연산자는 산술, 문자, 비교 연산자로 데이터를 계산하는 명령 기호다.

=	피연산자	연산자	피연산자
①등호	②숫자 또는 셀주소	③산술, 비교 연산자 등	④숫자 또는 셀주소

다음과 같이 피연산자를 셀 주소로 사용하면 셀 값이 변경되었을 때 수식에 따른 결과 값이 자동으로 바뀌게 되므로 수식의 오류와 수정하는 불편함을 줄일 수 있다.

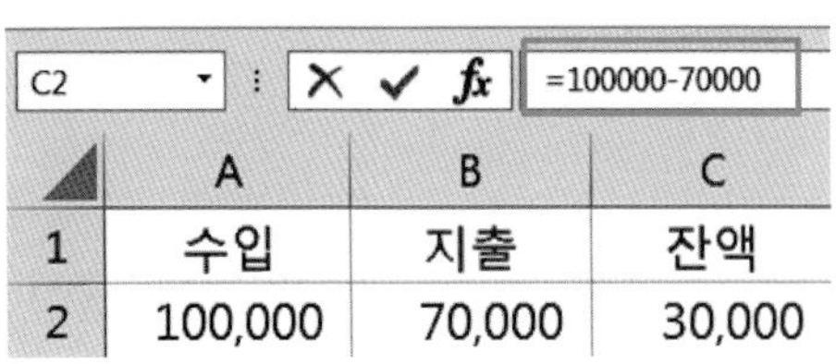

피연산자(숫자) 사용한 수식계산

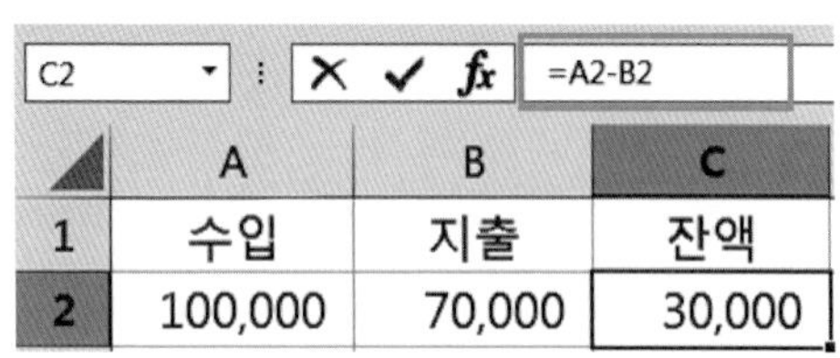

피연산자(셀주소) 사용한 수식계산

연산자는 산술, 비교, 문자, 참조 연산자 등이 있는데 아래 표와 같으면 하나의 수식에서 여러 개의 연산자를 사용하게 될 경우 우선순위는 산술연산자 → 문자연결 연산자

→ 비교연산자 순서대로 계산이 수행된다. 만약 연산자의 우선순위가 동일할 경우에는 왼쪽에서 오른쪽 순서로 계산되므로 계산 순서를 사용자가 정하려면 수식에서 먼저 계산할 부분을 괄호( )로 묶으면 된다.

산술연산자	의미	비교연산자	의미
+	더하기	〉	크다
−	빼기	〈	작다
*	곱하기	=	같다
/	나누기	〈〉	같지 않다
^	거듭제곱	〉=	크거나 같다
%	백분율	〈=	작거나 같다

문자연결 연산자는 &으로 여러 개의 데이터를 연결해서 하나로 만들어준다.

적용하기

간단한 수식만 사용하더라도 문서 작성이 훨씬 수월해지는데 판매 현황과 같은 문서에서 판매량의 합계, 판매금액, 판매율을 계산하고 그 결과값을 채우기 핸들로 나머지 셀에 자동으로 수식 계산을 적용할 수 있다.

	A	B	C	D	E	F	G	H	I
1	◈ 아웃도어 신발 판매 현황 ◈								
2									
3	모델명	상품	분류	단가	입고량	판매량	재고량	판매금액	판매율(%)
4	wk1901	워킹화	남성	165,000	500	210	290	34,650,000	42.0%
5	wk2902	등산화	여성	180,000	700	580			
6	wk3903	마라톤화	공용	125,000	400	400			
7	wk2904	등산화	여성	200,000	200	120			
8	wk1905	워킹화	남성	150,000	700	700			
9	wk2906	등산화	여성	210,000	900	880			
10	wk3907	마라톤화	공용	100,000	600	600			
11	wk3908	암벽화	공용	120,000	500	450			

=E4-F4 =D4*F4 =F4/E4

재고량, 판매금액, 판매율(%)의 수식계산을 첫 번째 행에 완료한 후 G4~I4셀을 범위로 지정하고 I4셀에 있는 채우기 핸들을 더블클릭하거나 드래그하면 자동으로 수식계산 결과값이 표시된다.

	A	B	C	D	E	F	G	H	I
1	◈ 아웃도어 신발 판매 현황 ◈								
2									
3	모델명	상품	분류	단가	입고량	판매량	재고량	판매금액	판매율(%)
4	wk1901	워킹화	남성	165,000	500	210	290	34,650,000	42.0%
5	wk2902	등산화	여성	180,000	700	580	120	104,400,000	82.9%
6	wk3903	마라톤화	공용	125,000	400	400	-	50,000,000	100.0%
7	wk2904	등산화	여성	200,000	200	120	80	24,000,000	60.0%
8	wk1905	워킹화	남성	150,000	700	700	-	105,000,000	100.0%
9	wk2906	등산화	여성	210,000	900	880	20	184,800,000	97.8%
10	wk3907	마라톤화	공용	100,000	600	600	-	60,000,000	100.0%
11	wk3908	암벽화	공용	120,000	500	450	50	54,000,000	90.0%

Tip ▶▶▶ 표시 형식과 사용자 지정 서식 코드

표시 형식은 셀에 입력한 문자와 숫자 데이터를 화면에 어떻게 표시할지 결정하는 방법이다. 표시 형식의 종류에는 숫자, 통화, 회계, 날짜, 시간 등이 있다.

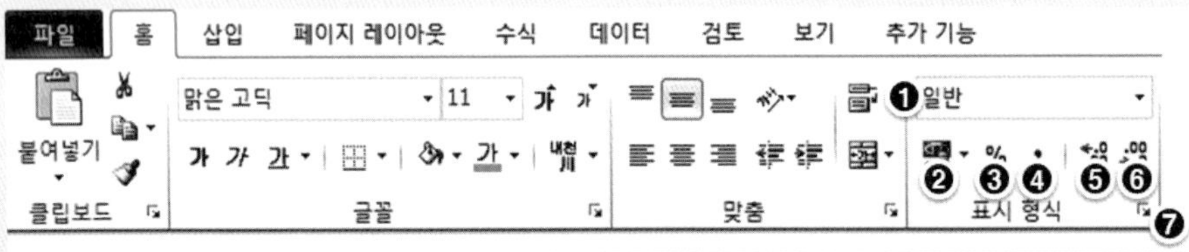

❶ 표시 형식 지정목록 : 일반, 숫자, 통화, 날짜 등의 다양한 표시 형식을 목록에서 지정할 수 있다.
❷ 통화 : 원화(₩), 달러($), 엔화(¥)를 지정하고 숫자 세 자리마다 쉼표를 표시한다.
❸ 백분율 : 숫자에 100을 곱한 후 %기호를 붙인다.
❹ 쉼표 : 숫자 세 자리마다 구분 기호로 쉼표(,)를 표시한다.
❺ 소수점 자릿수 늘림 : 소수부 이하 자릿수를 한 자리씩 늘린다.
❻ 소수점 자릿수 줄임 : 소수부 이하 자릿수를 반올림하여 한 자리씩 줄인다.
❼ 셀 서식 대화상자 불러오기 : 셀 서식 대화상자를 연다.

셀 서식 대화상자에서 지정하고 싶은 형식을 찾을 수 없을 때는 사용자가 직접 서식을 입력할 수 있는

데, 기본적으로 양수, 음수, 0, 문자 형식을 세미콜론(;)으로 구분하여 다음과 같이 표현한다.

양수 형식; 음수형식; 0; 문자형식

사용자 서식에는 조건이나 색을 지정할 수 있는데 대괄호[ ]에 조건이나 색을 입력할 수 있다.

[색][조건]형식;[색][조건]형식

	A	B
1	데이터	사용자지정서식 적용
2	50.57%	▲50.6%
3	10.50%	▲10.5%
4	0.00%	-
5	-30.59%	▼30.6%

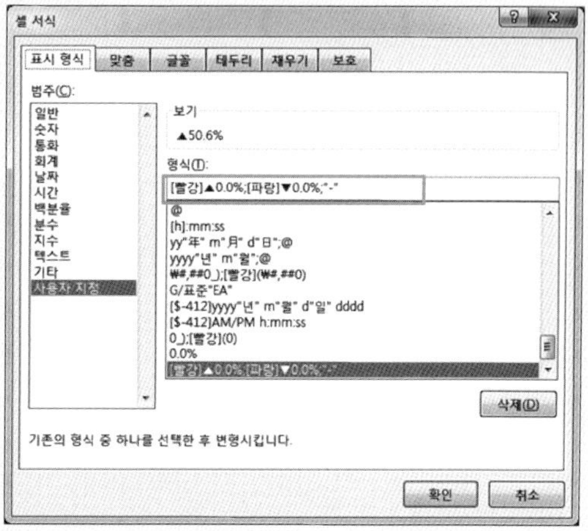

양수일 때는 빨간색으로 ▲ 소수점 첫째 자리까지 백분율로 표시
음수일 때는 파란색으로 ▼ 소수점 첫째 자리까지 백분율로 표시
0일 때는 '–' 기호로 표시

심화하기

엑셀에서 수식을 계산할 때 일반적으로 셀 위치에 따라 참조한 셀 주소가 바뀌게 되는 상대 참조방식으로 계산되는데, 셀 위치에 관계없이 공통적으로 하나의 셀을 참조해야 되는 경우에는 절대 참조방식으로 계산할 수 있다.

참조 영역을 고정할 때는 $ 기호를 직접 입력할 수도 있지만 [F4]키를 누르면 셀 참조 유형을 아래와 같이 변경할 수 있다.

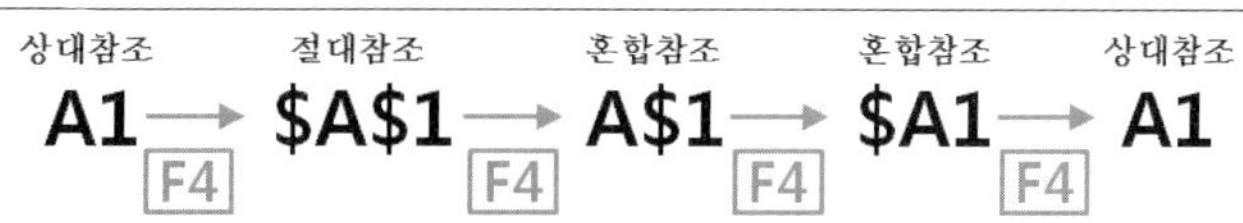

셀 참조 유형을 적절하게 사용하여 다음 도서 판매대장에서 재고, 할인가, 판매금액을 구해보자.

	A	B	C	D	E	F	G
1	도서 판매대장						
2						할인율	10%
3	도서명	정가	입고	판매	재고	할인가	판매금액
4	미움받을 용기	14,900	100	59	41	13,410	791,190
5	혼자 있는 시간의 힘	12,800	100	35	❶	❷	❸
6	내 안에 나를 만드는 것들	15,000	100	65			
7	지적 대화를 위한 넓고 얕은 지식	16,000	50	45			
8	나는 단순하게 살기로 했다	13,800	100	80			
9	파이브	13,000	50	30			
10	지금 이 순간	13,800	50	50			
11	사피엔스	22,000	50	20			
12	오베라는 남자	13,800	100	55			
13	라플라스의 마녀	14,800	50	40			
14	어린왕자	9,800	100	70			

① 재고 = 입고 – 판매
② 할인가 = 정가 * (1–할인율)
③ 판매금액 = 할인가 * 판매

2. [기초통계] 자동 합계 함수 사용하기

함수는 각종 계산에 필요한 다양한 공식들을 만들어 손쉽게 결과값을 계산해준다. 특히 [수식]–[자동 합계]메뉴를 이용하면 합계, 평균, 숫자 개수, 최댓값, 최솟값 등을 구할 수 있다. 이때 결과값이 나타날 셀에 커서를 위치하고 [수식]–[자동 합계]메뉴에서 [합계]를 선택하면 자동으로 인수 범위가 설정되는데, 만약 범위가 잘못 지정되었다면 직접 드래그해서 다시 선택할 수 있다.

적용하기

자동 합계 도구를 이용하여 신입사원 인사고과 평가표의 합계(SUM), 평균(AVERAGE), 인원수(COUNT)와 각 평가항목의 최고점수(MAX), 최저점수(MIN)를 계산해보자.

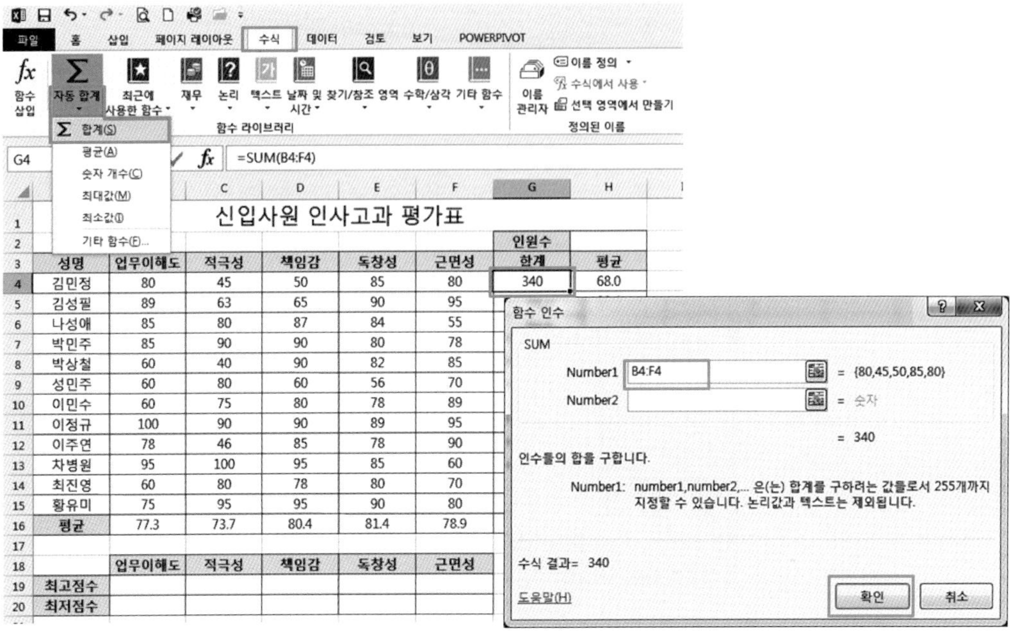

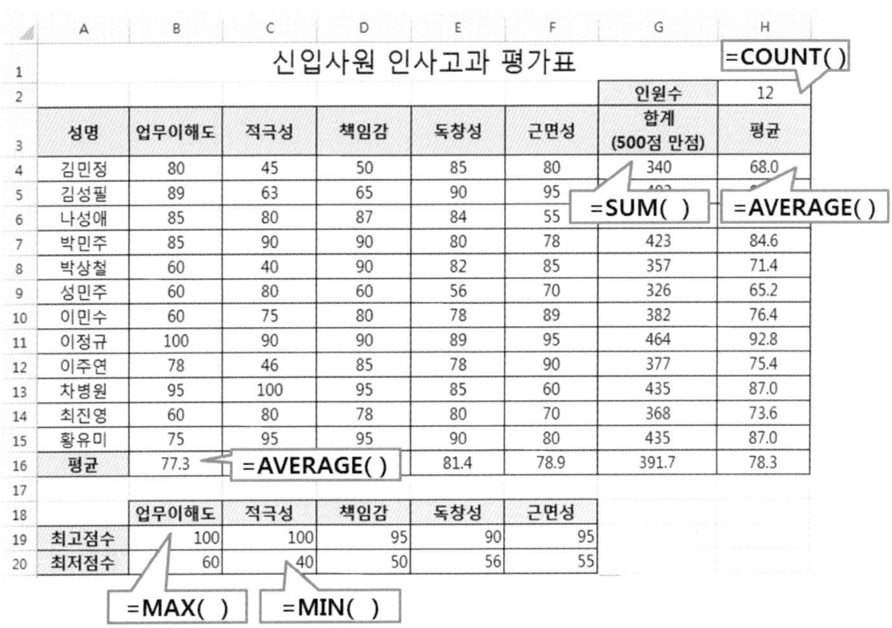

신입사원 인사고과 평가표

성명	업무이해도	적극성	책임감	독창성	근면성	합계 (500점 만점)	평균
						인원수	12
김민정	80	45	50	85	80	340	68.0
김성필	89	63	65	90	95	[illegible]	[illegible]
나성애	85	80	87	84	55	[illegible]	[illegible]
박민주	85	90	90	80	78	423	84.6
박상철	60	40	90	82	85	357	71.4
성민주	60	80	60	56	70	326	65.2
이민수	60	75	80	78	89	382	76.4
이정규	100	90	90	89	95	464	92.8
이주연	78	46	85	78	90	377	75.4
차병원	95	100	95	85	60	435	87.0
최진영	60	80	78	80	70	368	73.6
황유미	75	95	95	90	80	435	87.0
평균	77.3	[illegible]	[illegible]	81.4	78.9	391.7	78.3

	업무이해도	적극성	책임감	독창성	근면성
최고점수	100	100	95	90	95
최저점수	60	40	50	56	55

Tip ▶▶▶ 상태표시줄에 합계, 평균, 개수 확인하기

숫자 데이터가 들어있는 영역을 마우스로 드래그하여 범위로 설정하면 상태표시줄에 해당 범위에 있는 데이터의 평균, 개수, 합계 결과가 자동으로 표시된다. 단, 문자 데이터일 경우에는 개수의 결과만 표시된다.

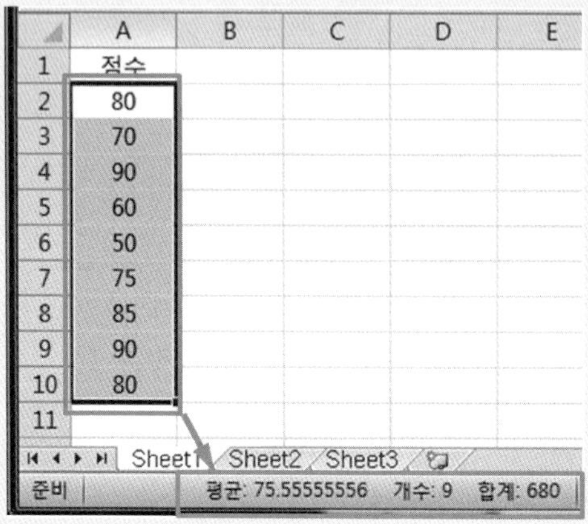

※ 상태표시줄에서 마우스 오른쪽 버튼을 클릭하고 최댓값, 최솟값 항목을 체크하면 평균, 개수, 합계와 함께 결과값이 추가되어 나타난다.

심화하기

입력한 데이터들을 기반으로 통계 결과를 산출하기 위해 사용하는 통계 함수는 앞서 살펴본 평균, 최댓값, 최솟값 이외에도 특정 조건에 맞는 데이터의 개수를 구하거나 해당 조건을 만족하는 평균, 합계 등의 다양한 통계 작업 결과를 계산해준다.

엑셀에서 제공되는 통계 함수 중 자주 사용되는 함수와 그 기능은 다음과 같다.

함수	기능
COUNT(value1, value2, ...)	인수 목록(value)에서 숫자가 포함된 셀의 개수
COUNTA(value1, value2, ...)	인수 목록(value)에서 비어있지 않고 값이 입력된 셀의 개수
COUNTBLANK(range1)	범위(range) 안에서 비어있는 셀의 개수
COUNTIF(range1, criteria)	범위(range) 안에서 해당 조건을 만족하는 셀의 개수
AVERAGEIF(range, criteria, average_range)	범위(range) 안에서 해당 조건을 만족하는 셀의 평균
SUMIF(range, criteria, sum_range)	범위(range) 안에서 해당 조건을 만족하는 셀의 합계
RANK.EQ(number, ref, order)	범위(range) 안에서 특정 데이터의 순위를 구해 동순위가 나올 경우 동순위 표시
RANK.AVG(number, ref, order)	범위(range) 안에서 특정 데이터의 순위를 구해 동순위가 나올 경우 순위의 구간 평균값을 순위로 표시

여기서 criteria(조건) 인수에 셀 조건을 지정할 때 조건 값이 입력되어 있는 셀 주소를 이용하거나 직접 입력할 경우에는 큰따옴표를 사용한다.

조건	형식
평균이 70점 이상	">=70"
지역이 대구	"=대구" 또는 "대구"

순위를 구하는 RANK함수는 순위를 결정하는 방법으로 0을 입력하거나 생략하면 내림차순으로, 1을 입력하면 오름차순으로 순위를 구하게 된다. 예를 들어 입력된 값이 클수록 순위를 높게, 즉 1위 또는 1등으로 나타내고 싶다면 order인수 값을 생략하거나 0을 입력하면 된다.

이를 이용하여 조건에 맞는 판매현황수와 판매율 평균, 판매량 합계, 판매금액을 기준으로 판매순위를 구해보자.

	A	B	C	D	E	F	G	H	I	J
1	◈ 아웃도어 신발 판매 현황 ◈									=RANK.EQ( )
2										
3	모델명	상품	분류	단가	입고량	판매량	재고량	판매금액	판매율(%)	판매순위
4	wk1901	워킹화	남성	165,000	500	210	290	34,650,000	42.0%	7
5	wk2902	등산화	여성	180,000	700	580	120	104,400,000	82.9%	3
6	wk3903	마라톤화	공용	125,000	400	400	-	50,000,000	100.0%	6
7	wk2904	등산화	여성	200,000	200	120	80	24,000,000	60.0%	8
8	wk1905	워킹화	남성	150,000	700	700	-	105,000,000	100.0%	2
9	wk2906	등산화	여성	210,000	900	880	20	184,800,000	97.8%	1
10	wk3907	마라톤화	공용	100,000	600	600	-	60,000,000	100.0%	4
11	wk3908	암벽화	공용	120,000	500	450	50	54,000,000	90.0%	5
12										
13	여성화 판매현황수			3	=COUNTIF( )		남성화 판매현황수			
14	등산화 판매율 평균			80.2%	=AVERAGEIF( )		워킹화 판매율 평균			
15	마라톤화 판매량 합계			1,000	=SUMIF( )		등산화 판매량 합계			

3. [실무함수] 논리 함수와 찾기 참조 함수

논리 함수는 조건을 만족시키면 참 값을 반환하고 조건을 만족시키지 못하면 거짓 값을 반환하는 함수이다. 대표적인 함수는 IF가 있으며 IF 함수는 단독으로 쓰거나 다른 함수와 중첩해서 사용한다.

IF 함수의 형식은 조건이 하나일 때는 IF 함수를 하나만 사용하고 조건이 여러 개일 경우에는 IF 함수를 64개까지 중첩해서 사용할 수 있다.

예를 들면, 점수가 90점 이상이면 "최우수", 80점 이상이면 "우수", 80점 미만이면 "보통"을 나타내고자 할 때 함수식으로 표현하면 다음과 같다. 점수 자리에는 해당 셀 주소가 입력된다.

조건식② 참 값② 거짓 값②

=IF(점수>=90, "최우수",(IF>=80, "우수", "보통"))

조건식① 참 값① 거짓 값①

적용하기

성과관리 분석표에서 IF 함수를 중첩하여 점수가 90점 이상이면 A등급, 80점 이상이면 B등급, 70점 이상이면 C등급, 70점 미만이면 공백으로 표시해보자.

=IF(B3>=90,"A등급",IF(B3>=80,"B등급",IF(B3>=70,"C등급"," ")))

	A	B	C	D	E
1	성과관리 분석표				
2	평가지표	평점	등급		
3	경영관리	89	B등급		
4	경영전략	90	A등급		
5	경영혁신	80	B등급		
6	경영성과	70	C등급		
7	조직관리	80	B등급		
8	인사관리	55			
9	교육훈련	72	C등급		
10	채용관리	65			
11	노사관리	89	B등급		
12	재무관리	85	B등급		
13	회계관리	90	A등급		
14	재무상태	80	B등급		
15	정책준수	70			
16	고객만족	90	A등급		
17	환경관리	89	B등급		

심화하기

수식에 조건을 지정하다 보면 여러 조건을 지정한 후 비교할 때가 있다. 이럴 때는 AND, OR, NOT 함수를 사용하게 되는데 함수의 조건은 255개까지 지정할 수 있으며 형식과 인수는 다음과 같다.

함수	기능
AND(조건1, 조건2, …)	여러 조건을 모두 만족할 때 참 값을 반환
OR(조건1, 조건2, …)	여러 조건 중에 하나라도 만족하면 참 값을 반환
NOT(조건)	조건을 만족하지 않을 때 참 값을 반환

협력업체 선정 기준 및 심사표에 입력된 평가 항목을 바탕으로 조건에 맞는 협력업체를 선정해야 한다. 제품 심사 기준은 품질이 8점 이상이면 통과, 납품기한이 10일 이하면 통과이고, 서비스 심사 기준은 C만 아니면 통과, 가격 심사 기준은 최저가가 42,000원이거나 43,000원인 경우 통과다. 최종 심사에서는 제품, 서비스, 가격 심사가 모두 통과일 경우 협력업체로 선정한다. 이렇게 여러 항목을 비교하여 조건에 맞는 업체를 찾는 방법으로 중첩 IF 함수를 사용하여 다음과 같은 결과값을 산출해보자.

	A	B	C	D	E	F	G	H	I
1	**협력업체 선정 기준 및 심사**								
2	1. 품질기준 : 품질이 8점 이상이고, 납품기한이 10일 이하								
3	2. 서비스기준 : 서비스가 C만 아닌 경우								
4	3. 가격 기준 : 공급가격이 최저가 42000원이거나 43000원인 경우								
5	4. 최종심사 : 품질, 서비스, 가격심사가 모두 '통과'일 경우 협력업체로 선정								
6									
7	공급처	품질	가격	납품기한(일)	서비스	품질심사	서비스심사	가격심사	최종심사
8	대진기기	10	42,000	10	A	통과	통과	통과	선정
9	명진산업	8	42,000	14	B		통과	통과	
10	우진기기	9	52,000	7	C	통과			
11	누리산업	10	50,000	10	A	통과	통과		
12	동진기기	10	42,000	8	A	통과	통과	통과	선정
13	미경산업	9	46,000	12	B		통과		
14	나진건설	10	42,000	15	C			통과	
15	명호산업	5	43,000	14	C			통과	
16	태영산업	10	43,000	6	A	통과	통과	통과	선정
17	송일산업	8	56,700	10	C	통과			
18	한명기기	9	46,000	14	A		통과		

찾기 참조 함수로는 VLOOKUP, HLOOKUP 함수가 대표적인데 원하는 값을 찾고자 할 때 주로 쓰이며 VLOOKUP은 목록 범위의 세로(Vertical)방향으로 검색하면서 값을 추출하고, HLOOKUP은 목록 범위의 첫째 행에서 가로(Horizontal)방향으로 검색하면서 원하는 값을 추출한다.

VLOOKUP(데이터 범위에서 찾을 값, 데이터를 검색하고 참조할 범위, 범위에서 추출할 열 번호, 옵션)
HLOOKUP(데이터 범위에서 찾을 값, 데이터를 검색하고 참조할 범위, 범위에서 추출할 행 번호, 옵션)
옵션의 종류 : TRUE(유사한 값을 찾음), FALSE(정확하게 일치하는 값을 찾음)

이때, 두 번째 인수인 표의 범위는 오름차순 정렬이 되어 있어야 한다. 만약 찾고자 하는 값이 없을 경우에는 "#N/A"오류가 발생한다.

적용하기

제품명에 대한 단가를 [표1]에서 찾고, 판매량에 대한 할인율은 [표2]에서 찾아 금액을 계산해보자.

① 단가 : [표1]의 첫 번째 열에서 제품명과 정확하게 일치하는 값을 찾아 단가를 반환한다.

② 할인율 : [표2]의 첫 번째 열에서 판매량과 비교하여 할인율을 반환하는데 정확하게 일치하는 값이 없으므로 판매량 70보다 작거나 같은 값 중 최댓값인 50의 할인율을 반환한다.

③ 금액 : 단가*판매량*(1-할인율)을 계산한다.

	A	B	C	D	E	F	G	H
1								
2	[표1] 제품단가			[표2] 할인율			[표3] 제품 판매표	
3								
4	제품명	단가		판매량	할인율		제품명	B
5	A	35,000		0	5%		단가	❶
6	B	20,000		50	10%		판매량	70
7	C	40,000		100	20%		할인율	❷
8	D	5,000					금액	❸
9	E	45,000						
10	F	50,000						
11	G	8,000						

4. [실무함수] 텍스트 함수와 날짜시간 함수

텍스트 함수는 문자열에서 일부 글자만 추출하거나 서로 다른 문자열을 조합할 때 사용한다. LEFT, RIGHT, MID 함수는 문자열에서 글자 일부를 추출하는 함수다. 왼쪽부터 몇 글자를 추출하려면 LEFT 함수, 오른쪽부터 몇 글자를 추출하려면 RIGHT 함수,

문자열 중간에 있는 글자 일부를 추출하려면 MID 함수를 사용하면 된다.

함수	기능
LEFT(text, num_chars)	텍스트 왼쪽에서 num_chars에 입력한 수만큼 추출 num_chars를 생략할 경우 1로 계산하며, 0이상의 숫자만 입력
RIGHT(text, num_chars)	텍스트 오른쪽에서 num_chars에 입력한 수만큼 추출
MID(text, start_num, num_chars)	텍스트에서 start_num에 입력한 위치에서 num_chars에 입력한 수만큼 추출

적용하기

사원코드로 부서와 직급을 구해보자. 사원코드의 첫 글자가 K이면 기획실, E이면 교육부, 나머지는 영업부로 부서를 표시하고 사원코드의 마지막 숫자(1–5)에 따라 부장, 과장, 대리, 주임, 사원으로 직급을 표시한다.

	A	B	C	D
1				
2	[표] 직원명부			
3				
4	사원코드	이름	부서	직급
5	K-120-05	김사랑	❶ 기획실	❷ 사원
6	E-654-03	이정희	교육부	대리
7	E-512-02	박동혁	교육부	과장
8	M-501-01	최진일	영업부	부장
9	M-490-05	강용식	영업부	사원
10	K-155-02	나선경	기획실	과장
11	E-602-03	조수정	교육부	대리

❶ =IF(LEFT(A5,1)="K","기획실",IF(LEFT(A5,1)="E","교육부","영업부"))

사원코드(A5 셀)의 왼쪽 1글자가 "K" 이면 기획실, 아니면 다음 IF 함수 계산 　 사원코드(A5 셀)의 왼쪽 1글자가 "E" 이면 교육부, 나머지는 영업부

❷ =CHOOSE(RIGHT(A5,1),"부장","과장","대리","주임","사원")

사원코드(A5 셀)의 오른쪽 1글자추출

RIGHT 함수의 결과(1–5)에 따라 1이면 부장, 2이면 과장, 3이면 대리, 4이면 주임, 5이면 사원으로 결과값 표시

심화하기

전화번호를 입력할 때 중간의 하이픈(-)을 생략하고 숫자로만 입력할 때가 있다. 이러한 전화번호 중간에 하이픈(-)을 다시 삽입할 때 LEFT, MID, RIGHT 등의 텍스트 함수가 사용된다.

B5 : B11 영역의 연락처를 입력할 때 '텍스트'로 표시 형식을 설정하고 입력하자. 그렇지 않으면 숫자로 처리되어 맨 앞의 '0'이 사라지므로 주의하자.

C5 =CONCATENATE(LEFT(B5,3),"-",MID(B5,4,LEN(B5)-7),"-",RIGHT(B5,4))

[표] 직원 연락처

이름	연락처	함수적용
김사랑	01099998597	010-9999-8597
이정희	01088881234	010-8888-1234
박동혁	01077774321	010-7777-4321
최진일	0116665000	011-666-5000
강용식	0115552000	011-555-2000
나선경	01033339875	010-3333-9875
조수정	01022225700	010-2222-5700

=CONCATENATE(LEFT(B5,3),"-",MID(B5,4,LEN(B5)-7),"-",RIGHT(B5,4))

- LEFT(B5,3): 연락처(B5 셀)의 왼쪽에서 3글자 추출
- MID(B5,4,LEN(B5)-7): 연락처(B5 셀)의 4번째부터 '전체 연락처 길이-7' 추출
- RIGHT(B5,4): 연락처(B5 셀)의 오른쪽에서 4글자 추출
- CONCATENATE: LEFT() 결과 - MID() 결과 - RIGHT() 결과 형식으로 문자열을 연결

휴대폰 번호는 중간번호가 3자리인 경우도 있고, 4자리인 경우도 있다. 숫자로만 입력한 전화번호의 전체 길이가 10이면 중간번호가 3자리이고, 전체 길이가 11이면 중간번호가 4자리가 된다. 즉, 전체 길이에서 7을 뺀 글자가 중간번호의 자리 수가 되는 것이다.

날짜와 시간은 각종 계산에서 숫자만큼 자주 등장하는 데이터 유형이다. 날짜 및 시간 함수는 두 날짜 사이의 연수, 월수, 일수, 요일을 계산하는 함수이며 특정일 기준으로 경과된 시간이나 날짜, 시간을 계산할 때 사용된다. 날짜는 1900년 1월 1일을 기준으로 일련번호를 매겨 저장한다. 시간은 날짜의 일부분으로 소수점 이하 자리로 저장된다. 오전 6시는 0.25에 해당되고 정오 12시는 0.5에 해당된다.

함수	기능
NOW( )	오늘 날짜와 시간 표시
TODAY( )	오늘 날짜 표시
DATE(Year, Month, Day)	년, 월, 일을 순서대로 입력하면 날짜 형식으로 변환
YEAR(Serial_number)	날짜데이터에서 년 값 표시
MONTH(Serial_number)	날짜데이터에서 월 값 표시
DAY(Serial_number)	날짜데이터에서 일 값 표시

적용하기

현재 날짜와 현재 시간을 표시하는 방법은 여러 가지 경우가 있다. 현재 날짜와 시간은 컴퓨터 시스템의 시계를 기준으로 계산되는데, 날짜 데이터를 직접 입력할 때 년, 월, 일 구분을 하이픈(-) 또는 슬래시(/)로 입력하면 날짜 서식으로 자동 인식된다.

	A	B	C
1	[표] 현재 날짜와 현재 시간 표시		
2			
3	구분	현재 날짜	현재 시간
4	단축키	2016-01-29	2:13 AM
5	함수	2016-01-29	2016-01-29 2:13

① [B4]셀에서 Ctrl + ;을 누르고 Enter↵를 입력하면 현재 날짜가 표시된다.

② [C4]셀에서 Ctrl + Shift + ;을 누르고 Enter↵를 입력하면 현재 시간이 표시된다.

③ [B5]셀에서 =TODAY()를 입력하고 Enter↵를 누르면 현재 날짜가 표시된다.

④ [B4]셀에서 =NOW()를 입력하고 Enter↵를 누르면 현재 날짜와 현재 시간이 함께 표시된다.

심화하기

작업시간을 구하는 문제에서 작업의 종료시간이 다음 날로 넘어가는 경우가 있다. 야간근무자에 대한 작업시간을 계산할 경우 시작시간보다 종료시간이 더 작기 때문에 종료시간에서 시작시간을 빼면 결과가 음수가 되고, 음수 시간은 셀에 '####' 오류로 표시된다. 시간이 음수로 계산되는 문제를 해결하기 위해 나눗셈의 나머지를 구하는 MOD 함수를 사용한다.

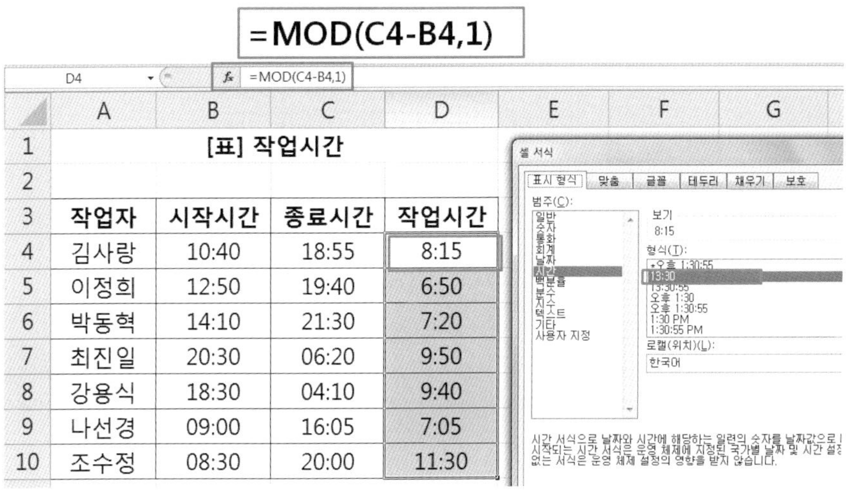

	A	B	C	D
1		[표] 작업시간		
2				
3	작업자	시작시간	종료시간	작업시간
4	김사랑	10:40	18:55	8:15
5	이정희	12:50	19:40	6:50
6	박동혁	14:10	21:30	7:20
7	최진일	20:30	06:20	9:50
8	강용식	18:30	04:10	9:40
9	나선경	09:00	16:05	7:05
10	조수정	08:30	20:00	11:30

작업시간을 계산한 후 [셀 서식]–[표시형식]에서 시간 범주의 24시간제 형식(예 : 13 : 30)을 선택한다.

6장 종합하기

01 다음 중 표시 형식 그룹에 대한 설명으로 옳지 않은 것은?

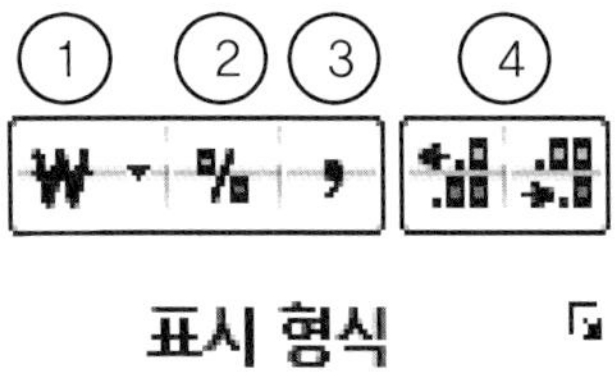

① 회계표시 형식 : 화폐 기호를 사용하여 셀 값을 표시
② 백분율 형식 : 셀 값에 100을 곱한 값을 % 기호와 표시
③ 쉼표 형식 : 통화기호 없이 백단위 구분 기호로 셀 값 표시
④ 자릿수 늘림/줄임 : 소수 자릿수를 늘리고 줄여 표시

02 시스템의 현재 날짜와 시간을 표시하고 인수는 사용하지 않는 함수는?

① Day　　② Now
③ Hour　　④ Today

03 [D2]셀에 들어갈 "함수식"과 "결과값"을 적으시오.

졸업학점이 140점 미만이면 "유급"이고, 아니면 "졸업"으로 표시한다.(IF 함수 이용)

	A	B	C	D
1	학번	성명	졸업학점	졸업여부
2	1208001	김경호	140	
3	1208002	이혁재	135	

04 다음 함수를 계산했을 때 결과값을 적으시오.

=MID("NCS기반⌣능력중심사회의⌣수리능력",6,5)

※ (5~6번) 아래의 그림을 참고해서 다음 질문에 해당하는 함수식을 완성하시오.

	A	B	C	D	E	F	G
1		워드필기합격여부					
2							
3		이름	1과목	2과목	3과목	평균	순위
4		엄태웅	70	80	90	80	1
5		차태현	60	40	80	60	3
6		김승우	50	80	80	70	2

05 [F4]셀에 들어갈 "평균"을 구하는 함수식을 적으시오.

06 [G4]셀에 들어갈 "순위"를 구하는 함수식을 적으시오.

"평균" 점수가 높은 값이 1등이 되도록 한다.

Memo

7장

도표분석 및 작성능력

1. [데이터 관리] 고객명단 정렬하기
2. [데이터 분석] 필터기능으로 데이터 추출하기
3. [데이터 요약] 빈도분석 피벗테이블로 요약하기
4. [데이터 표현] 설문조사결과 피벗 차트 작성하기
5. [데이터 표현] 인포그래픽 차트 디자인하기

7장 도표분석 및 작성능력

소 개

이 장에서는 직장생활에서 업무를 수행하는 과정에서 도표로 주어진 자료를 해석하거나 업무자료를 이용해 도표를 효과적으로 제시하는 방법에 대해 학습한다.

학습목표

- 직장생활에서 도표(그림, 표, 그래프 등)의 의미를 파악하고 필요한 정보를 해석할 수 있다.
- 직장생활에서 도표를 이용하여 결과를 효과적으로 제시할 수 있다.

학습내용

- **지식** : 도표를 활용한 표현방법의 이해, 도표를 이용한 핵심내용 강조방법의 유형, 시각화 표현방법의 이해, 도표로부터 정보획득 방법의 이해
- **기술** : 도표의 구성요소 파악, 제시된 도표의 비교 분석, 도표의 핵심내용 파악, 도표의 정보와 업무와의 관련성 파악, 도표로 제시할 결과 주요내용 요약, 도표의 종류에 따른 효과적인 표현
- **상황** : 업무수행 과정에서 도표로 주어진 자료를 해석하는 경우, 업무 결과를 도표를 사용하여 제시하는 경우, 업무의 목적에 맞게 계산 결과를 시각화하는 경우

도표분석 능력은 직장생활에서 도표(그림, 표, 그래프 등)의 의미를 파악하고 필요한 정보를 해석해 자료의 특성을 규명하는 능력을 의미한다. 특히 도표분석 능력은 직장생활에서 접하는 다양한 도표를 분석해 내용을 종합하거나 업무수행 과정에서 도표로 주어진 자료를 해석하는 경우, 도표로 제시된 업무비용을 측정하는 경우, 경쟁업체와의 시장점유율을 비교 설명하는 경우, 고객 만족도 조사 결과의 경향성을 파악하는 경우 등에 필요하다.

도표작성 능력은 업무에서 자료(데이터)를 이용해 도표를 효과적으로 제시하는 능력을 말한다. 특히 다양한 도표를 활용하여 내용을 강조하거나 업무 결과를 요약하여 표현하는 경우, 업무의 목적에 맞게 계산결과를 나타내는 경우, 업무에 소요되는 비용계산을 시각화하는 경우, 고객과 소비자의 정보를 조사하고 그 결과를 도표로 표현하는 경우에 필요한 능력이다.

1. [데이터 관리] 고객명단 정렬하기

정렬은 데이터베이스를 일정한 순서로 재배열하는 기능으로 데이터를 관리하고 분석할 때 필수적인 작업이다. 정렬을 통해 원하는 순서에 맞게 데이터를 구성하고 시각화하게 되면 보다 효과적인 의사결정에 도움을 줄 수 있다.

여러 열을 기준으로 정렬하는 경우에는 데이터베이스에서 임의의 셀을 선택하고 [데이터]-[정렬]을 클릭하여 정렬 대화상자에서 정렬 기준을 추가하여 설정할 수 있는데 최대 64개까지 지정할 수 있다.

정렬할 표의 범위에서 첫 행이 데이터 제목일 경우에는 "내 데이터에 머리글 표시"를 체크하면 정렬 기준 필드를 지정할 때 구분하기 쉽다. 또한 정렬 기준은 데이터 값, 글꼴 색, 셀 배경색, 셀 아이콘 중 선택할 수 있다. 정렬 기준은 내림차순, 오름차순, 사용자 지정, 글꼴 색, 셀 색, 아이콘으로 설정할 수 있다.

오름차순은 숫자 〉 문자 〉 논리값 〉 오류값 〉 빈 셀 순으로, 내림차순은 오류값 〉 논리값 〉 문자 〉 숫자 〉 빈 셀 순으로 정렬되며 빈 셀은 항상 마지막에 정렬된다.

예를 들어 문자 데이터를 가나다순 또는 ABC순으로 정렬하고 싶다면 오름차순 정렬 방식을 선택하면 되고, 숫자 데이터의 경우 점수가 높을수록 맨 위에 정렬되도록 하려면 내림차순 정렬 방식을 선택하면 된다.

적용하기

인사 고과 평가표에서 승진대상자를 기준으로 업적고과, 능력고과, 가산점이 높은 순서대로 데이터를 정렬해보자.

심화하기

문자 데이터는 보통 알파벳이나 가나다 순서로 정렬되지만 사용자가 원하는 순서를 기준으로 정렬할 수도 있다. 사용자 지정 목록으로 정렬하기 위해서는 원하는 데이터 순서 목록을 사용자 지정 목록 대화상자에 추가해야 한다. 정렬 대화상자에서 정렬 순서 중 '사용자 지정 목록'을 선택하여 사용자 지정 목록 대화상자에서 내용을 추가하면 정렬 기준으로 선택할 수 있다.

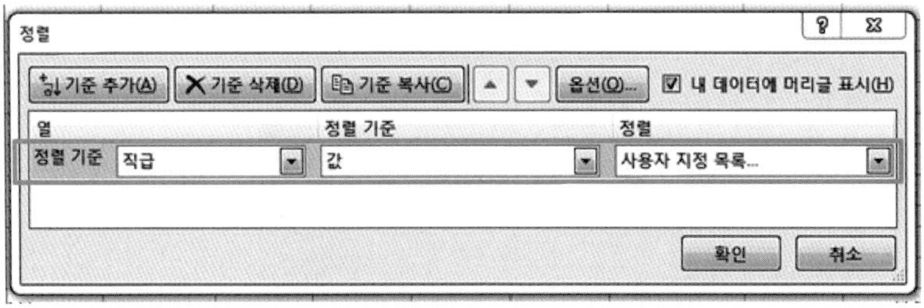

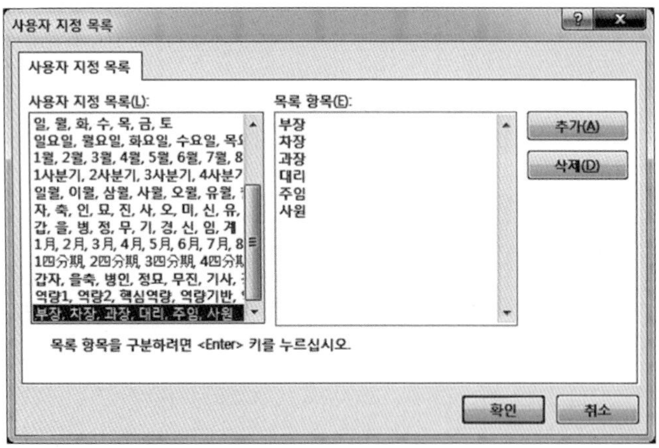

2. [데이터 분석] 필터기능으로 데이터 추출하기

필터는 다량의 데이터 중에서 사용자가 원하는 조건에 맞는 내용만 화면에 표시하고 나머지 행은 숨길 수 있는 데이터 관리 기능이다. 필터 기능으로 추출된 데이터는 기존 데이터와 같이 복사, 이동, 수정, 인쇄가 가능하고 서식을 지정하거나 필터된 데이터만으로 차트를 만들 수 있다.

자동 필터를 사용하면 데이터 전체 범위에서 첫 행의 각 제목 필드 옆에 필터 버튼이 나타나며 검색하고자 하는 필드에서 필터 버튼을 클릭하여 원하는 데이터를 추출할 수 있다. 고급 필터는 특정 조건을 미리 입력해놓고, 전체 범위와 조건이 지정된 범위를 지정하여 조건에 해당하는 데이터만을 추출하는 것이다. 이때 [다른 장소에 복사]를 선택하면 사용자가 지정한 셀에 추출된 데이터를 따로 복사할 수 있다.

적용하기

인사 고과 평가표에서 자동 필터 기능을 이용해 직급이 대리인 사원의 명단을 확인해보자.

인사 고과 평가표에서 승진대상자이면서 이씨 성을 가진 사원의 명단을 확인해보자.

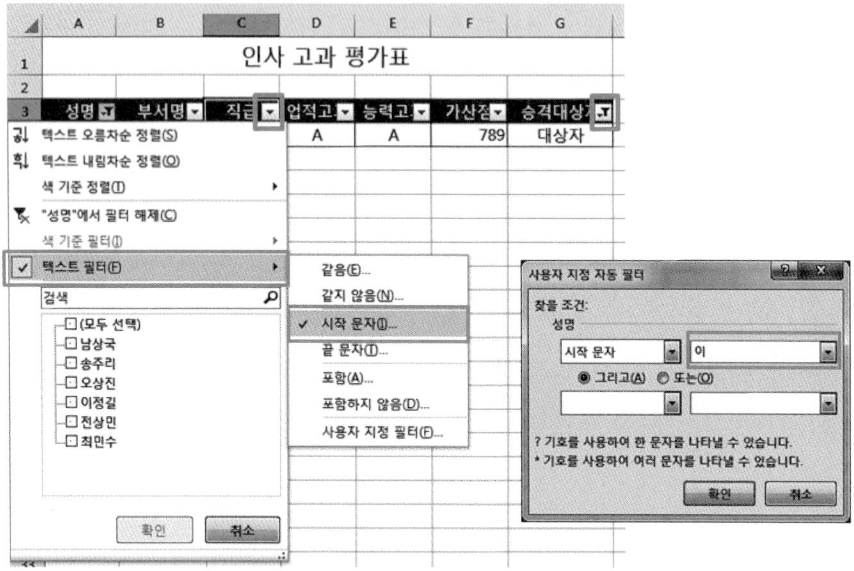

심화하기

도표란 내용을 선, 그림, 원 등으로 그려서 시각적으로 표현하는 것이다. 따라서 한 눈에 내용을 파악할 수 있다는 데에 그 특징이 있다. 매출액의 추이, 가격의 변화 등을 수치로만 나열한 경우와 그래프로 표시한 경우의 차이는 명백하다.

그냥 지나쳐 버리기 쉬운 복잡한 수치도 그래프를 그려봄으로써 쉽게 파악할 수 있다.

또한 전체와 부분의 비교도 간단히 할 수 있다. 따라서 그래프는 다른 사람에게 설명할 때 더욱 설득력이 있다.

도표의 작성은 여러 가지 측면에서 이점이 있으나, 구체적으로 도표 작성의 목적을 들면 세 가지로 좁혀서 생각할 수 있다.

① 보고・설명하기 위해

평소 이러한 목적으로 도표가 쓰이는 경우가 많다. 즉, 회사내 회의에서의 설명,

상급자 보고를 비롯하여 각종 통계 등에 쓰인다고 볼 수 있다. 그러나 도표가 단순히 보고, 설명용으로 쓰인다고 하면 모든 것의 사후 결과만을 표시하는 것이 되어 무의미하다. 때로는 현상분석을 하여 전체의 경향이나 이상수치를 발견하거나, 문제점을 명백히 밝혀 대책이나 계획을 세우기 위해 적극적으로 활용된다.

② 상황분석을 위해
도표를 보다 적극적으로 활용하는 경우라고 할 수 있다. 회사의 상품별 매출액의 경향을 본다거나 거래처의 분포 등을 보는 경우 등이 그 예이다.

③ 관리목적을 위해
진도관리 도표나 회수상황 도표 등이 이에 해당된다. 실제로 각 회사마다 이런 것이 사무실 벽에 많이 붙어 있는 것을 본다. 이것은 시각에 호소하여 강한 인상을 준다고 하는 도표가 지닌 성질을 유효하게 이용한 대표적인 것이다.

도표의 종류는 여러 가지 있는데, 어떤 것이든 도표를 그릴 때의 주의점은 다음과 같다.

① 보기 쉽게 깨끗이 그린다.
② 하나의 도표에 여러 가지 내용을 넣지 않는다.
③ 특별히 순서가 정해 있지 않는 것은 큰 것부터, 왼쪽에서 오른쪽으로, 또는 위에서 아래로 그린다.
④ 눈금을 잡기에 따라 크게 보이거나 작게 보이니 주의한다.
⑤ 밑에 있는 수치를 생략할 경우에는 잘못 이해하는 경우가 생기니 주의한다.
⑥ 컴퓨터에 의한 전산 그래프를 최대한 이용한다.

다음은 국가통계포털 사이트에서 검색한 세계국가의 주요지표를 시각화한 자료로서, 2011년 총국토면적을 수치화한 통계자료다. 예를 들면 러시아는 170.7이고 캐나다는 99.7, 일본은 3.8이다. 이 수치의 의미가 무엇인지 해석해보자.

2011년 총국토면적

국토 내의 수면을 포함한 국토의 총면적임(1,000ha = 10km^2)

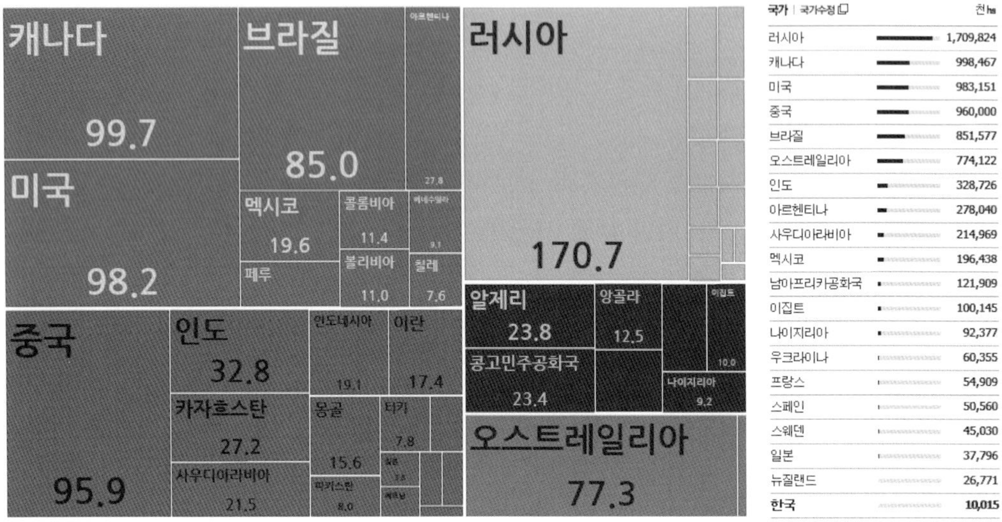

〈출처〉 유엔식량농업기구(FAO)

적용하기

다음의 통계표를 바탕으로 국가통계포털 사이트에서 2011년부터 2014년까지의 총결혼건수(국내결혼+국제결혼)를 찾아보고, 다른 항목의 통계결과와 비교하여 우리 사회는 어떻게 변화하여 왔는지 각자의 생각을 말해보자.

	① 총 결혼건수	② 국제결혼	③ 외국인 아내	④ 외국인 남편
2011년		329,087	22,265	7,497
2012년		327,073	20,637	7,688
2013년		322,807	18,307	7,656
2014년		305,507	16,152	7,164

〈출처〉 통계청 자료, 시군구별 외국인과의 혼인

3. [데이터 요약] 빈도분석 피벗테이블로 요약하기

피벗테이블은 방대하고 복잡한 데이터를 간단하게 요약하고, 데이터의 흐름을 표로 정리할 수 있는 기능이다. 입력한 데이터를 바탕으로, 사용자가 원하는 기준을 통해 원하는 내용만 정리해서 볼 수 있기 때문에 직관적인 업무가 가능하다. 예를 들어 표 안에 기업명, 생산지, 제품명, 연도별 매출, 평균 매출 등 다양한 정보가 섞여 있다면, 이 표에서 원하는 정보를 골라내 새로운 기준으로 정렬할 수 있다. 피벗테이블의 특징을 요약하면 다음과 같다.

① 대량의 데이터를 여러 가지 방법을 사용해서 요약할 수 있다.
② 숫자 데이터를 집계해서 부분합을 구하고 항목 또는 하위 항목별로 데이터를 요약할 수 있다.
③ 데이터 그룹 수준을 확장하거나 축소해서 요약 정보만 표시할 수도 있고 요약된 내용의 세부 데이터를 표시할 수도 있다.
④ 행과 열을 전환해서 데이터를 원하는 형식으로 요약해서 표시할 수 있다.
⑤ 원하는 부분에만 필터, 정렬, 그룹, 조건부 서식을 적용하여 강조할 수 있다.

적용하기

직장인을 대상으로 실시한 회사에서 느끼는 직무 만족도 설문에 응답한 사람의 인구통계학적 특성은 성별, 직급, 연령, 직무형태, 지역 등 각 변수들의 빈도수로 나타낼 수 있다. 다음과 같이 응답자의 직급에 따른 성별 분포를 피벗테이블로 작성해보자.

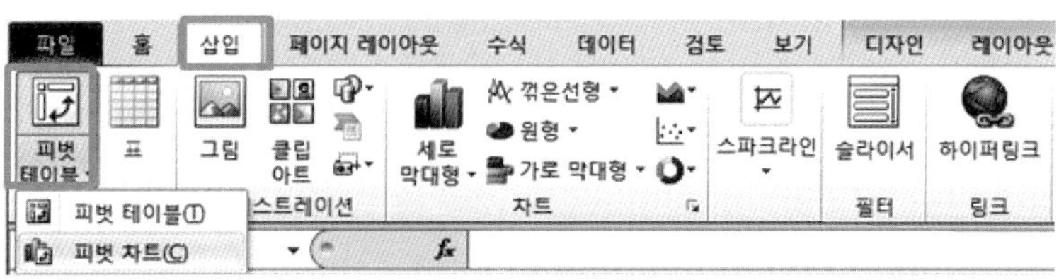

① **보고서 필터** : 전체 데이터 영역을 요약하는 데 사용할 필드

② **열 레이블** : 열(세로) 방향으로 피벗테이블을 구성할 필드

③ **행 레이블** : 행(가로) 방향으로 피벗테이블을 구성할 필드

④ **값** : 일반적으로 숫자 값이 들어 있는 필드가 위치하며, 열과 행 레이블에서 지정할 필드를 분석하여 소계 및 총계 이외에 평균, 최대, 최소, 개수 등을 계산한다.

⑤ **보고서에 추가할 필드 선택** : 데이터 범위의 필드 목록이 표시된다. 각 필드를 선택하여 아래쪽의 필터, 열, 행, 값 레이블에 드래그해서 피벗테이블 레이아웃을 설계할 수 있다.

심화하기

이론 연구나 마케팅조사 실무를 막론하고 통계분석에서 가장 기본이 되는 통계분석 방법은 바로 빈도분석이다. 통계분석은 숫자로 구성된 데이터에서 의미를 찾기 위해 사용되는 도구이며 이러한 의미 찾기의 가장 기본은 일단 각 숫자가 얼마나 자주 출현하는지 살펴보는 것이다. 빈도분석은 설문조사지의 각 문항 응답 값에 대해 몇 명이 응답하였고 각각의 비율은 어떻게 되는지 계산하는 것이라 할 수 있다.

예를 들어, 직무 만족도 설문조사에 응답한 성별 현황을 분석하기 위해 인원과 비율(백분율)을 피벗테이블로 구하면 다음과 같다.

Σ값 레이블에 '성별' 필드를 2번 드래그해서 추가한다. 첫 번째 성별 필드는 [값 요약 기준]에서 '개수' 함수를 선택하여 인원으로 계산하고, 두 번째 성별 필드는 [값 요약 기준]에서 '개수' 함수와 [값 표시 형식]에서 '총합계 비율'을 선택한다.

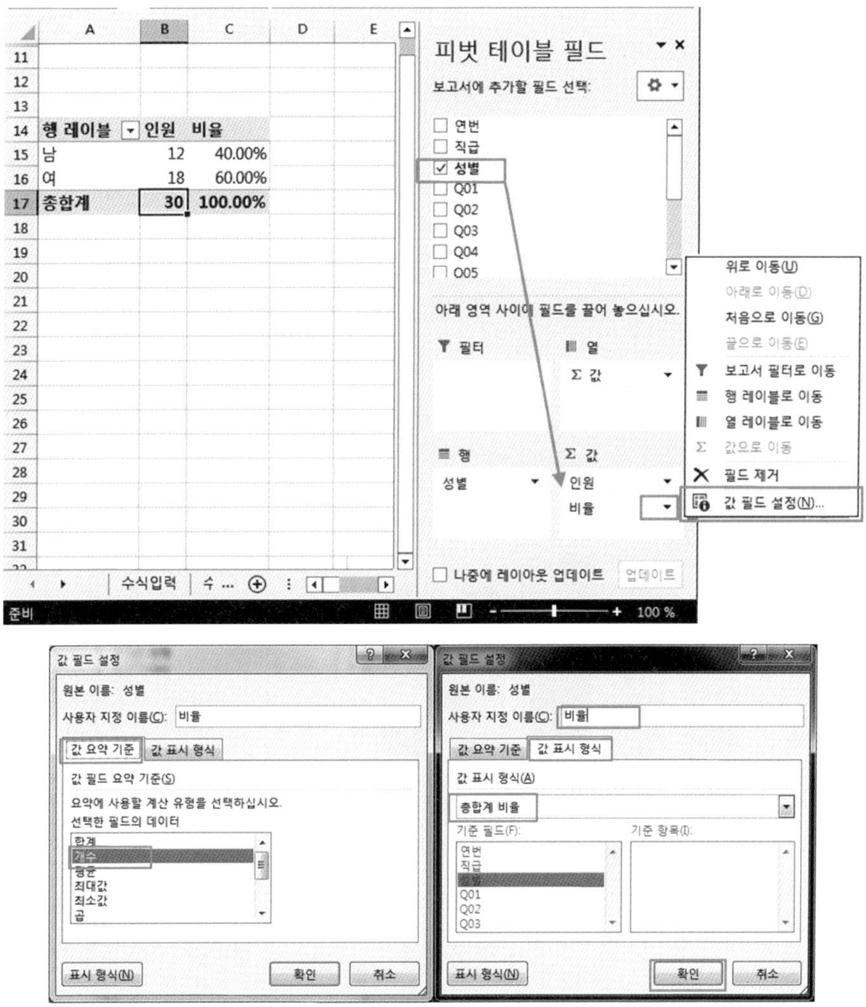

4. [데이터 표현] 설문조사결과 피벗 차트 작성하기

피벗 차트는 피벗테이블을 요약하고 분석한 데이터를 시각화하여 그래픽으로 보여준다. 표준 차트와 달리 피벗테이블의 레이아웃이나 표시되는 세부 항목 등이 변경되면 피벗테이블 차트도 자동으로 갱신되어 나타나는 대화형 차트다.

온라인 설문조사를 통해 응답한 데이터에서 각 설문문항에 대한 평균을 차트로 나타내면 다음과 같다. [삽입]-[피벗테이블]-[피벗 차트]를 선택한 후 필터란에는 '직급'필드를 드래그하고, Σ값란에는 Q1~Q5필드를 드래그한다. 각 문항에 대한 평균함수를 지정하면 Q1~Q5문항의 평균값을 피벗 차트로 확인할 수 있다.

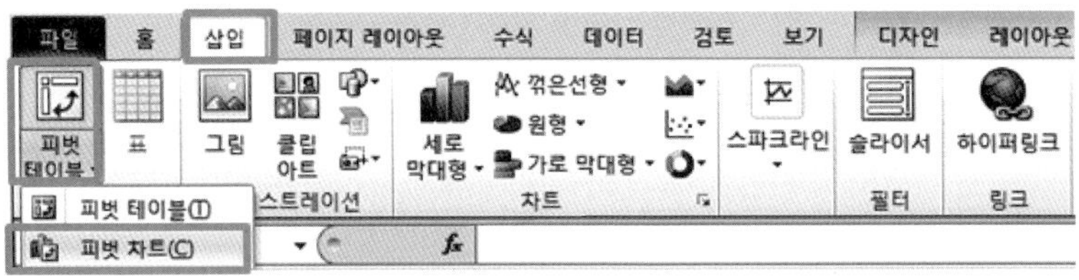

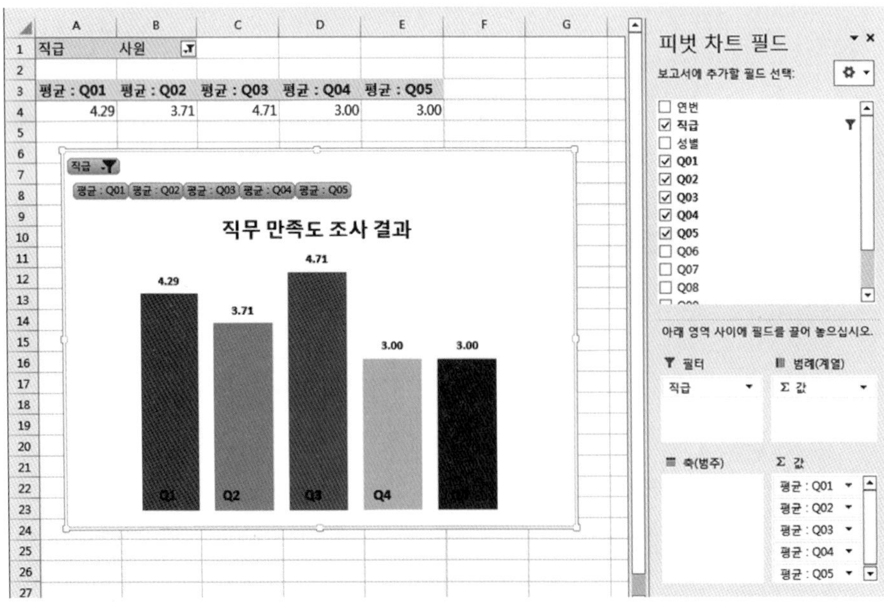

5. [데이터 표현] 인포그래픽 차트 디자인하기

인포그래픽(Infographic)은 인포메이션(information)과 그래픽(graphic)의 합성어로 많은 정보를 한눈에 파악할 수 있도록 지도, 다이어그램, 이미지, 차트 등을 활용하여 만든 자료를 의미한다. 정보의 양도 많아지고 정보의 구조 또한 복잡해지는 오늘날 최단시간에 정보의 핵심을 전달하고 가급적 오랫동안 그 정보를 기억할 수 있도록 하는 인포그래픽의 활용이 빠르게 증가하고 있다.

복잡한 숫자로 구성된 파워포인트 차트보다는 인포그래픽을 활용한 차트가 시각적으로 전달력을 높일 수 있다. 특히 픽토그램 이미지는 빠르고 쉽게 이해할 수 있도록 나타낸 그림기호 즉 시각 디자인으로 주제에 맞는 이미지를 시각화하여 흥미유발과 설문결과를 강조하는 차트를 완성할 수 있다.

보고서에서 차트는 데이터를 분석하고 시사점을 도출할 때 주로 사용된다. 보고서에서 활용되는 차트는 여러 종류가 있는데 가장 많이 사용되는 막대 및 선 차트는 특정 기간 동안의 데이터 변동이나 항목 간 비교가 필요할 때 주로 사용된다. 특히, 누적 막대 차트를 사용하면 항목별 비율의 변화 추세까지 파악할 수 있다. 가로 막대 차트는 항목을 세로로 나타내고 값을 가로로 나타냄으로써 시간보다는 값 비교에 주로 사용한다. 또한 항목 이름이 긴 경우에는 가로 막대 차트가 시각적으로 보기 좋은 편이다.

선 차트는 데이터의 시계열적 추세를 보여주는 대표적인 차트다. 세로 막대 차트와 용도는 비슷하지만 변화의 추세를 가장 직관적으로 파악할 수 있다.

방사형 차트는 마치 거미줄처럼 보이는 형태로 같은 계열의 모든 값이 선으로 연결되어 있어 여러 데이터 계열의 합계 값을 비교할 때 유용하게 쓰일 수 있다.

분산형 차트는 각 데이터 간의 간격과 관계, 유사한 요소들의 그룹화 상태 등의 다양한 정보들을 알 수 있어 비즈니스 포트폴리오, 경쟁기업 및 선도기업에 대한 비교나 분석에 주로 사용되고 있다.

적용하기

픽토그램 이미지는 파워포인트에서 제공하는 다양한 도형을 이용해서 만들 수 있지만, 픽토그램을 제공하는 무료 사이트를 이용하여 인포그래픽 느낌이 나는 차트를 완성할 수 있다. 파워포인트에서 도형을 이용하여 차트의 데이터를 구성한 뒤 픽토그램을 이용하여 인포그래픽 차트를 완성해보자.

① 파워포인트 슬라이드에서 도형과 텍스트 상자를 이용하여 설문조사 결과에 대한 세로 막대형 차트를 아래와 같이 구성한다. 가장 수치가 높은 지하철을 강조하기 위해 도형 채우기에서 별도의 색을 채운다.

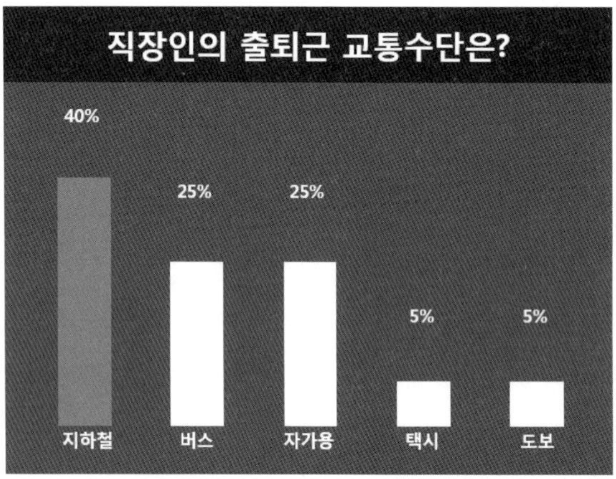

② 아이콘을 무료로 제공하는 NounProject 사이트(http://thenounproject.com)에서 주제와 관련된 이미지를 검색해서 다운로드한다. 다운로드 버튼을 이용하여 이미지를 저장하려면 회원가입을 해야 한다. 그러나 원하는 이미지를 선택한 후 오른쪽 마우스 버튼을 클릭하여 '다른 이름으로 배경저장'을 선택하여 저장하면 별도의 로그인 과정 없이 이미지를 다운로드할 수 있다.

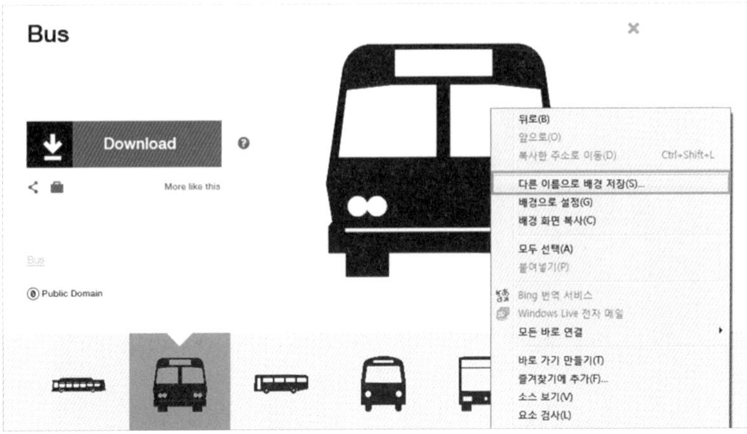

③ [삽입]-[그림]을 클릭한 후 다운로드한 이미지를 슬라이드로 불러온다.

④ 픽토그램을 흰색으로 변경하기 위해 오른쪽 마우스 버튼을 클릭하여 [그림 서식]메뉴를 선택한다. [그림 서식]창에서 [그림 보정]을 선택한 후 '밝기'입력란에 100%을 입력하면 해당 이미지가 흰색으로 바뀐다.

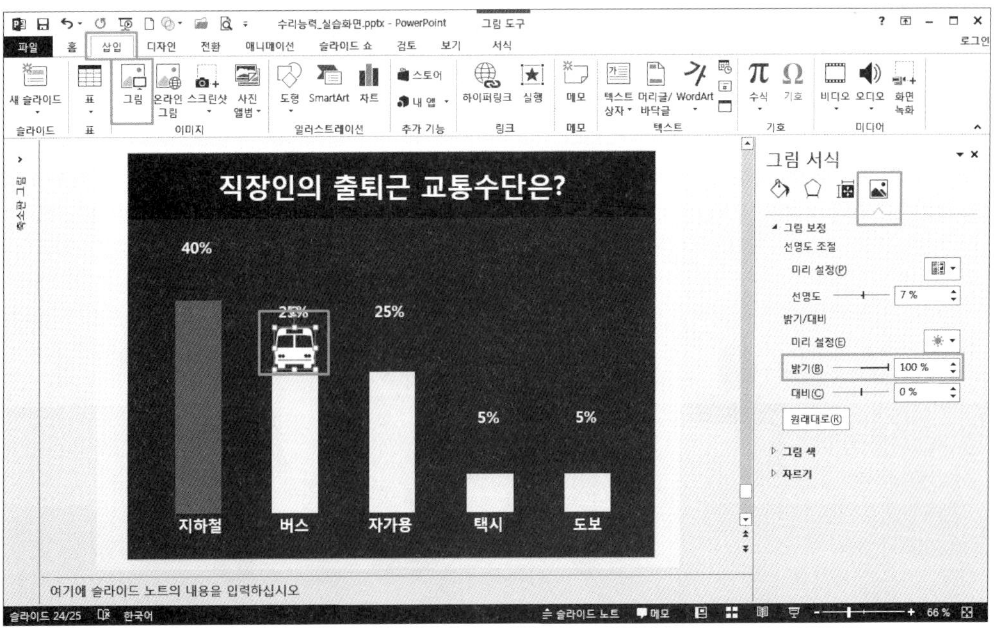

⑤ 지하철, 자가용, 택시, 도보에도 픽토그램을 삽입한 후 인포그래픽 차트를 완성한다.

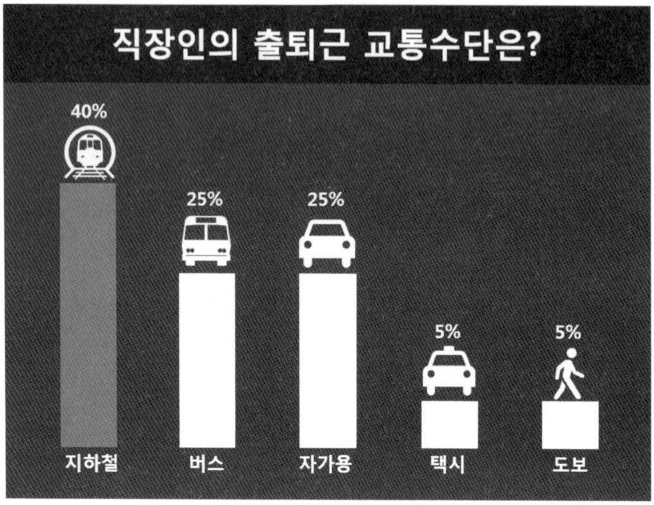

심화하기

다음 예시처럼 직장인을 대상으로 한 온라인 설문조사 결과를 파워포인트 프로그램에서 도형과 픽토그램 이미지를 이용하여 인포그래픽 차트로 완성해보자.

① 파워포인트 슬라이드에서 모서리가 둥근 직사각형과 사다리꼴 모양의 도형을 이용하여 남자와 여자 이미지를 디자인한다.

② 남녀 이미지를 활용해 직장 만족도 조사 결과 내용을 작성한다. 만족도 결과를 강조하기 위해 남녀 이미지 각각 위에 직사각형을 삽입하여 겹친다.

③ 삽입한 직사각형의 도형서식에서 [단색 채우기-흰색-투명도 30%]로 설정하고 만족도 결과 수치와 비례하도록 크기를 조정한다.

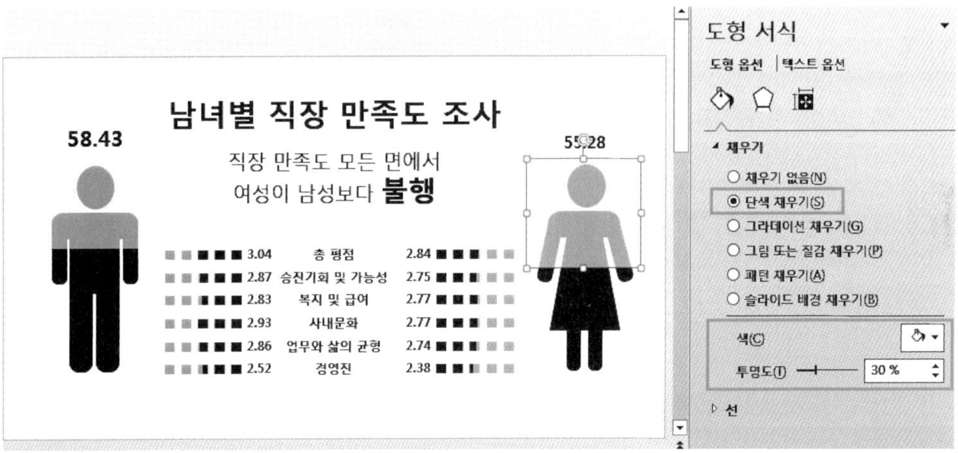

〈자료〉 남녀별 직장 만족도 조사 데이터, http://me2.do/GKd2vjDG

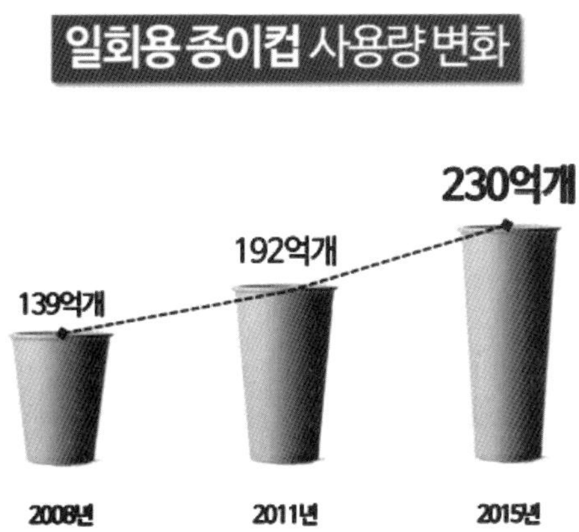

▲ 인포그래픽 차트작성 예시

〈출처〉 http://www.ezworld.co.kr

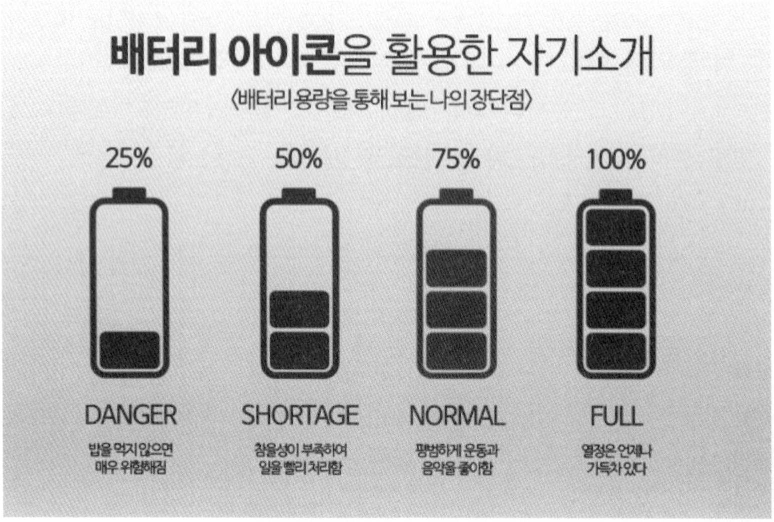

〈출처〉 http://www.ezworld.co.kr

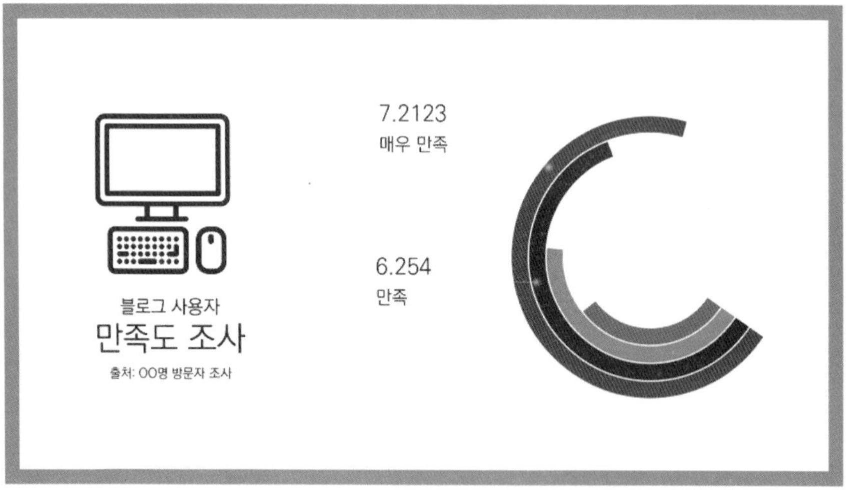

〈출처〉 http://leehyekang.com

Tip ▶▶▶ 워드 클라우드 인포그래픽

워드 클라우드는 문서의 키워드, 개념 등을 직관적으로 파악할 수 있도록 핵심 단어를 시각적으로 돋보이게 하는 기법이다. 예를 들면 많이 언급될수록 단어를 크게 표현해 한눈에 들어올 수 있게 하는 기법이다. 주로 방대한 양의 정보를 다루는 빅데이터(big data)를 분석할 때 데이터의 특징을 도출하기 위해 활용한다.

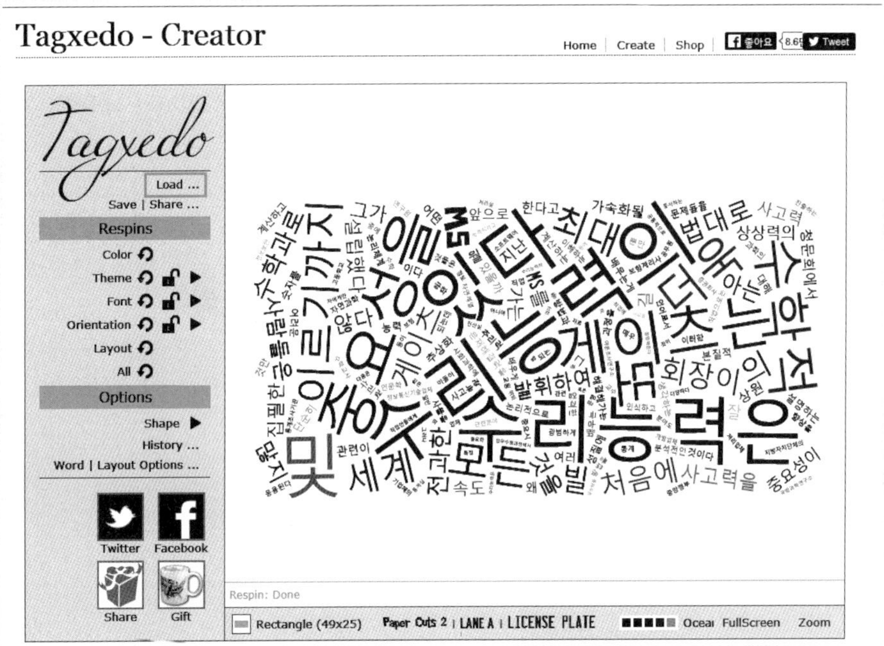

〈출처〉 http://www.tagxedo.com/app.html

7장 종합하기

01 다음 사례와 같이 설문조사 결과 또는 수치 데이터가 들어간 기사의 내용을 검색한 후 그 내용을 도표(표, 그림, 인포그래픽)로 표현하시오.

스마트폰에 고개 푹…나인족을 아십니까

스마트폰 사용이 대중화되면서 급증하고 있는 질병이 '거북목 증후군(turtle neck syndrome)'이다. 거북이가 목을 뺀 것처럼 얼굴이 꾸부정하게 앞으로 나와 있는 모양과 비슷하다고 붙은 이름이다.

대표적인 증상으로 뒷목과 어깨가 뻐근하고 아프다는 특징이 있다. 어깨 근육이 많이 뭉쳐 있고 두통이 생기면서 쉽게 피곤해진다. 작업능률, 학습능률이 떨어지게 되고, 신경질이 나고 과민반응을 보이기도 한다.

건강보험심사평가원에 따르면 지난해 '거북목'으로 진료받은 환자수는 181만 9000여 명에 이른다. 2011년 160만명, 2012년 169만명, 2013년 171만명으로 해마다 늘어나는 추세다.

〈출처〉 http://view.asiae.co.kr/news/view.htm?idxno=2016010714054627935

02 업무수행에 있어서 전달하고자 하는 정보의 핵심내용은 타사 경쟁제품 또는 비교대상이 아래와 같이 명확하게 드러날 때 전달력이 높아진다. 이때 두 대상의 공통점과 차이점을 요약정리하면 전달에 있어 효과적이다. 그렇다면, 여러분이 희망하는 직업, 전공분야에 대해 경쟁분야, 경쟁기업과 비교·분석하는 도표를 작성하시오.

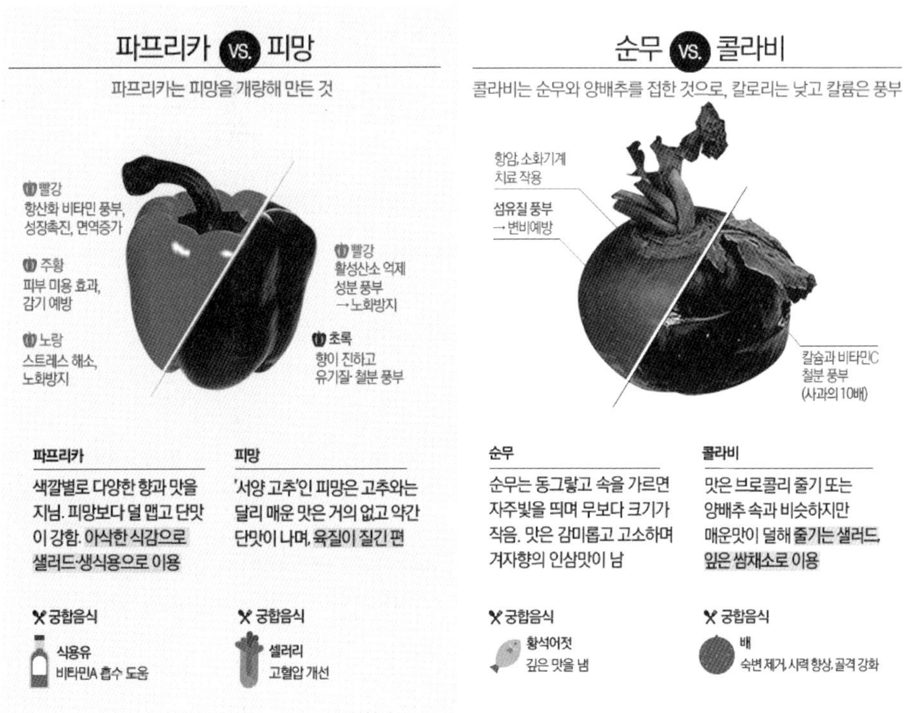

〈출처〉 http://inside.chosun.com/site/data/html_dir/2016/01/14/2016011401033.html

▶ 참고문헌

- 20년 이내 현재 직업의 47%가 사라진다!. 명견만리 10회, 2015-07-24, http://me2.do/5LtvvINb.
- 구글, 디지털 유산 상속 가능해졌다 … 망자의 '잊혀질 권리'. 전자신문, 2013-04-12, http://me2.do/5ilRk8P8.
- 기억 삭제 · 조작 가능한가?. 궁금한 일요일 장영실쇼 16회, 2015-08-31, http://me2.do/xArgCq43.
- 나를 잊어주세요-모든 것을 기억하는 사회. SBS스페셜, 2014-07-20, http://me2.do/FeH2F0pv.
- 당신의 보안지수는 몇 점인가요?. 보안뉴스, 2006-12-14, http://me2.do/G8YuOMWG.
- 디테일이 차이를 만든다. HSG 휴먼솔루션그룹, http://me2.do/Gcg7exFy.
- 로봇 상사와 일하는 시대, 아이들에게 무얼 가르쳐야 할까. 한겨레, 2016-01-24, http://me2.do/xjryIFq2.
- 빅데이터 시대…보험업계 판도도 바꾼다. 한국경제, 2015-03-16, http://me2.do/5emP7P7B.
- 사물인터넷 개념. 두산백과 사전, http://me2.do/FTj3xi1s.
- 사이버 범죄의 처벌을 규정한 법률. 국민권익위원회 블로그기자단, http://me2.do/51E0bMBN.
- 스마트폰에 코 박고 길 건너다 사고 나면 100% 보행자 책임. 부산일보, 2015-08-27, http://me2.do/5toCF2Ow.
- 스마트폰으로 일하는 직장인의 속내는.... 파이낸셜 뉴스, 2015-06-15, http://me2.do/GyIr5WIs.
- [스마트워크 보안①] 데스크톱 벗어나는 '업무'. 데이터넷, 2015-07-31, http://me2.do/5ilRvGE3.
- 스마트폰 중독 묵념. 2013년 공익광고제 대상수상작, http://me2.do/xAr7yWxW.
- 스마트폰 중독예방 위한 '스마트폰 1-1-1운동'. 한국일보, 2013-08-26, http://me2.do/5FLwqmUc.
- "스마트폰, 1주일 한 번 한 시간은 꺼둡시다". 와이드커버리지, 2013-06-21, http://me2.do/FREn8ugW.
- [스마트폰 新풍속도]① "10분에 150개 문자폭탄…대화감옥에 갇혔다. 조선비즈, 2016-02-06, http://me2.do/5KTH7qLi.
- 스마트폰에 고개 푹…나인족을 아십니까. 아시아경제, 2016-01-07, http://me2.do/55Vw2fyt.
- SNS와 확증 편향. 네이버 지식백과, 트렌드 지식사전, http://me2.do/x8MLPkwj.
- 암묵지 개념. 두산백과 사전, http://me2.do/GVCkcO07.
- 에펠탑서 셀카찍어 SNS 올리면 벌금…왜? 헤럴드경제뉴스, 2015-07-01, http://me2.do/xjryHW6c.
- [유연근무제 확대하는 국내 기업 살펴보니] '무조건 하라' 오너의 강력한 의지 있어야. 중앙시사매거진 1316호 , 2015-12-28, http://me2.do/GjwgBtm7.
- 윈도우XP 파란 언덕 실체… "저작권료 세계 두 번째". 뉴스천지, 2011-11-15, http://me2.do/FCKfWDmc.
- 왜 사람들은 인터넷에 중독되나?(정신이 건강해야 삶이 행복합니다). 네이버 지식백과, HIDOC, http://me2.do/xKeq9ziU.
- 이런데도 스마트폰만 보시며 걸으실 건가요? YTN NEWS, 2015-06-29, http://me2.do/GunVRSoC.

- 잊혀질 권리, 디지털 유산의 모든 것! http://me2.do/FlNkQTr8.
- 전국 도로에 구축 중인 첨단 교통정보, 이번엔 대구. NextDaily, 2011-07-19, http://me2.do/5gsLmzzL.
- 직장 만족도 남성, 여성보다↑…가장 만족도 높은 직장인은? 매일경제, 2016-02-01, http://me2.do/GKd2vjDG.
- 직장인 45%, "스마트폰은 인터넷검색도구". 아시아경제, 2015-12-04, http://me2.do/GlPok0RU.
- 직장인 72% "스마트워크시스템 보완돼야". 트루스토리, 2015-06-15, http://me2.do/G2qbzBAn.
- 직장인 10명 중 4명 이상 "올해 직속상사 평가점수는 B(보통)". datanews, 2015-11-13, http://me2.do/FfzYx6B5.
- 파프리카와 피망의 차이를 아시나요? 조선닷컴 인포그래픽스, 2016-01-14, http://me2.do/x70QCJKh.
- 편향과 인너넷(InnerNet). 매일경제, 2012-05-18, http://me2.do/GiutXACq.
- QR코드 개념. 두산백과 사전, http://me2.do/52LweeWZ.

- 권대석(2012). 클라우드와 슈퍼컴퓨팅이 이끄는 미래 빅데이터 혁명. 21세기북스.
- 김용태, 박길철(2014). 스마트 시대의 멀티미디어: 멀티미디어 기본 이론부터 최신 기술 동향까지. 한빛아카데미.
- 김지현(2015). 스마트워크 특별전담반. 해냄출판사.
- 김희연(2006). 정보사회에서의 지식과 지식검색에 대한 고찰. 정보통신정책, 18(4), 1-19.
- 노규성(2014). 비즈니스 혁신의 10대 경영도구. 커뮤니케이션북스.
- 다니엘 핑크(2012). 새로운 미래가 온다(미래 인재의 6가지 조건). 김명철 역, 한국경제신문사.
- 민정식(2015). 청소년들의 유해정보 재전송에 미치는 영향. 언론과학연구, 15(4), 79-108.
- 박경수(2015). 보고서의 신. 더난 출판.
- 박영숙 외(2013). 유엔미래보고서 2040 도전하는 미래가 살아남는다. 교보문고.
- 박종연(2013). 스마트폰 중독 이렇게 극복하라. 혜성출판사.
- 사이토 다카시(2008). 비즈니스 아이디어가 말을 걸어온다. 홍성민 역, 황금부엉이.
- 신동희(2015). 빅데이털러지. 커뮤니케이션북스.
- 오민근 외(2013). 중학교 정보(2009개정). 삼양미디어.
- 오은주(2013). 대학생들의 과제표절 실태와 인터넷 정보윤리의식에 대한 인식조사. 사고개발, 9(3), 163-184.
- 이병화, 박세정, 조현국(2013). 스마트 오피스. 민음인.
- 이승민. (2015). 소셜미디어가 이용자의 정보공유에 미치는 영향에 관한 연구. 한국문헌정보학회지, 49(1), 297-317.
- 이항우 외(2011). 정보사회의 이해. 미래인.
- 장경호(2015). 직장인을 위한 실무 파워포인트2013 for 프레젠테이션. 길벗.
- 정동화, 남기만(2012). 직장인을 위한 실무 파워포인트 2010. 길벗.

- 정영식, 유정수, 임진숙, 손유경(2015). 소프트웨어 교육론. 씨마스.
- 정영철, 나영남, 박종민(2015). 정보능력의 이해. 휴먼싸이언스.
- 정용찬(2013). 빅데이터. 커뮤니케이션북스.
- 정우진(2013). 빅데이터를 말하다. 클라우드북스.
- 정웅열 외(2014). 고등학교 정보(2009개정). 삼양미디어.
- 정인애(2013). 쉽게 배워 간단히 써먹는 스마트폰 비즈니스 활용. 정보문화사.
- 직업기초능력프로그램: 정보능력 교수자용 매뉴얼. 한국산업인력공단, http://ebook.ncs.go.kr:8080/svs/gt/view/610.
- 직업기초능력프로그램: 수리능력 교수자용 매뉴얼. 한국산업인력공단, http://ebook.ncs.go.kr:8080/svs/gt/view/605.
- 최승현, 류현아, 남금천(2013). 직업기초역량으로서의 수리 활용 능력 향상을 위한 보정 학습 프로그램 개발. 한국학교수학회논문집, 16(4), 655-674.
- 최영준, 송인국(2010). 클라우드 컴퓨팅의 주요 현안 및 활성화방안에 관한 고찰. 인터넷정보학회지, 11(4), 23-31.
- 최항섭, 김희연, 장종인(2006). 인터넷 상 네티즌 공유 정보에 대한 신뢰 행위 연구. 정보통신정책연구원.
- 추병완(2001). 정보윤리교육론. 울력.
- 하버드비즈니스리뷰(2015). 하버드30초 통계학. 이제용 역, 한빛비즈.
- 한가늠 외(2015). 최고의 인재들은 어떻게 일하는가. 새로운 제안.
- 한국언론학회(2012). 정치적 소통과 SNS. 나남출판.
- 한은숙(2011). 회사에서 바로 통하는 엑셀 2010. 한빛미디어.
- 홍장표(2015). 컨설턴트가 알려주는 보고서작성의 기술 with 파워포인트. 한빛미디어.
- Ala-Mutka, K. (2011). Mapping digital competence: Towards a conceptual understanding. http://ftp.jrc.es/EURdoc/JRC67075_TN.pdf.
- Ferrari, A. (2012). Digital competence in practice: An analysis of frameworks. http://jiscdesignstudio.pbworks.com/w/file/fetch/55823162/FinalCSReport_PDFPARAWEB.pdf.
- Frey, C. B., & Osborne, M. A. (2013). The future of employment: how susceptible are jobs to computerisation. http://arche.depotoi.re/autoblogs/wwwinternetactunet_8a3fe3331e0ad7327e18d9fe6ec3f0ad04dcea58/media/3722fa7d.The_Future_of_Employment.pdf.
- HR Institute(2005), 좋은 컨셉은 어떻게 만들어지는가. 양영철 역, 거름.
- Organization for Economic Cooperation Development. (2001). Definition and selection of key competencies. Paris: OECD.
- 경찰청 사이버안전국 홈페이지. http://cyberbureau.police.go.kr.

- 개인정보침해신고센터 홈페이지. http://privacy.kisa.or.kr.
- 네이버 데이터랩. http://datalab.naver.com.
- 모두 모바일 홈페이지. http://www.modoo.at.
- 무료 PDF 소프트웨어 사이트. www.smallpdf.com.
- 방송통신심의위원회원스톱인터넷피해구제센터. http://remedy.kocsc.or.kr.
- 비캔버스, 온라인 화이트보드 기반 팀 협업툴. https://beecanvas.com/ko.
- 양선배. http://ynr007.blog.me.
- 저작권보호센터. http://www.cleancopyright.or.kr.
- 전자거래분쟁조정위원회. http://ecmc.or.kr.
- 정보공유연대 IPLeft. http://ipleft.or.kr.
- 주민등록번호 클린센터. www.myprivacy.go.kr.
- 책쟁이 ppt. http://blog.naver.com/dark861007.
- 친절한 혜강씨. http://leehyekang.com.
- 한국저작권위원회. http://www.copyright.or.kr.
- 한국정보화진흥원. http://www.iapc.or.kr.
- 한국 소프트웨어 저작권협회. http://www.spc.or.kr.
- 휴대폰/ARS결제 중재센터. http://www.spayment.org.
- CC korea 홈페이지. http://www.cckorea.org/xe/ccl.
- EZ세상. http://ezworld.co.kr.
- KOSIS 국가통계포털. http://kosis.kr.
- Send Anywhere 홈페이지. https://send-anywhere.com.

찾아보기

【 ㅇ 】

【 ㅈ 】

【 ㅊ 】

【 ㅋ 】

【 ㅌ 】

저자약력

계명대학교, 계명문화대학교, 대구보건대학교, 영진전문대학 등에서 직업기초능력(정보능력, 대인관계능력, 문제해결능력), 컴퓨터교육론, 컴퓨터활용 등을 강의했으며, 핵심역량, 디지털역량 등에 대한 연구에 관심이 있다. 주요 연구 실적으로는 국내 대학생 핵심역량과 그 진단도구에 대한 연구동향 분석(2014년), 디지털 리터러시 교육을 위한 디지털 역량의 개념적 특성과 한계(2015년)가 있다.

:: 능력중심사회 NCS기반의 정보능력과 수리능력

1판 1쇄 인쇄 2016년 2월 15일
1판 1쇄 발행 2016년 2월 20일

지 은 이 - 이애화
발 행 인 - 강철원
발 행 처 - 양성원
주 소 - 경기도 고양시 일산서구 송산로 18(구산동)
전 화 - 031－912－3301(代)
팩 스 - 031－912－3304
이 메 일 - tnwpub@naver.com
출판등록 - 2015년 8월 31일 제2015－000211호

ISBN 979–11–87118–32–9

정가 17,000원